L'innovation sauvera le monde

Du même auteur

Le Grand Refoulement : stop à la démission démocratique, Plon, 2015.

Pourquoi la lucidité habite à l'étranger ? Le tour d'Europe d'un économiste qui guette le réveil français, JC Lattès, 2015.

On entend l'arbre tomber mais pas la forêt pousser : croire en l'économie de demain, JC Lattès, 2013.

Le Chagrin des classes moyennes, JC Lattès, 2011.

La Politique de la jeunesse, avec Luc Ferry, Odile Jacob, 2011.

Le Capitalisme idéal, Éditions d'Organisation, 2010.

Krach financier. Emploi, crédits, impôts : ce qui va changer pour vous, Éditions d'Organisation, 2008.

Petit Précis d'économie appliquée à l'usage du citoyen pragmatique, Éditions d'Organisation, 2007.

Les Mécanismes du marché : éléments de microéconomie, Bréal, 2006.

Nicolas Bouzou

L'innovation sauvera le monde

Philosophie pour une planète pacifique, durable et prospère

PLON
www.plon.fr

12, avenue d'Italie
75013 Paris
Tél. : 01 44 16 09 00
Fax : 01 44 16 09 01
www.plon.fr

ISBN : 978-2-259-24942-3

Pour Sidonie.

Introduction

Ne tenez pas ce livre pour un manifeste optimiste. Il n'est pas plus un ouvrage d'humeur, mais le résultat d'une longue réflexion, aux frontières de l'économie, de l'Histoire et de la philosophie, qui m'amène à la conclusion suivante : l'innovation peut sauver le monde de ses problèmes les plus déchirants. Mais la technologie n'y suffira pas, ni une excellente politique économique. Notre salut viendra de l'alliance entre la technologie, l'économie et une spiritualité qui embrasse l'amour et l'art, et les valeurs[1]. Voilà pourquoi Platon, Freud ou Hannah Arendt occupent ici une place aussi importante que Schumpeter. Le titre du livre aurait pu être aussi : « Comment l'innovation contribue à la montée de l'extrémisme et du fondamentalisme ». Un tel titre serait d'une laideur épouvantable et, pour d'évidentes raisons commerciales, mon éditeur l'aurait refusé

1. J'établis une différence, tout au long de ce livre, et comme il se doit, entre la spiritualité, qui relève du sens de la vie, et les valeurs, qui distinguent le bien du mal. On peut être juste, prudent et courageux, et se tourmenter de l'insignifiance du monde qui nous entoure.

(alors qu'il est heureux du titre présent, ce qui ne m'était pas arrivé depuis de longues années, les titres de mes précédents ouvrages naviguant du passable au mauvais, et je m'en désolais autant que mes éditeurs). Mais c'est vrai : toutes ces périodes de mutation sont dangereuses, et l'humanité est comme une pièce de monnaie sur la tranche, susceptible de tomber du bon comme du mauvais côté.

Les gens le ressentent, d'ailleurs. Ils perçoivent confusément qu'un grand changement fait trembler la planète, ce qui entraîne plus l'inquiétude que la fascination (pour moi, c'est l'inverse). La mutation de notre société, c'est comme un déménagement. Morrissey a chanté quelque chose de cet ordre en 1988 dans « Late Night, Maudlin Street » : « *The last night on Maudlin Street, goodbye house goodbye stairs. I was born here. I was raised here, and I took some stick here*[1] [...]. » Je sais, c'est bizarre de commencer un essai en citant un chanteur pop. Bien sûr, cela pourrait être pris comme une obsession. Parler de musique même quand ce n'est pas le sujet. Admettons. Mais, honnêtement, les mots de Morrissey traduisent au plus juste ce sentiment de nostalgie qui nous saisit quand on quitte un monde, y compris quand de mauvais moments y ont été vécus. Où que je sois allé ces dernières années, mais davantage dans les pays riches, ce sentiment de nostalgie était présent. De la Suisse aux États-Unis, de l'Allemagne au Canada, partout cette sensation d'un monde qui

1. « Dernière nuit à Maudlin Street, au revoir maison, au revoir escaliers. Je suis né ici. J'ai été élevé ici, et j'ai pris des coups ici. »

s'écroule crée une sorte de tristesse. Même les Britanniques, tellement portés à la nouveauté, sentent que quelque chose leur échappe malgré la permanence de la monarchie et des cabines téléphoniques.

Ils ont raison. Nous avons raison. Notre monde s'effondre. Nous déménageons. Mais cet effondrement n'est pas sans causes. C'est parce qu'un nouveau monde de promesses surgit qu'un vieux monde disparaît. Les biologistes expliquent que la mort est utile aux vivants. Sans apoptose, un corps devient monstrueux. De même, si nous étions immortels, comme le prophétise, pour dans longtemps, l'ami Laurent Alexandre, notre monde deviendrait atroce. Heureusement, la plupart du temps, les cellules du corps meurent en bon ordre. Et toujours, jusqu'à aujourd'hui, chaque individu né sur cette Terre a fini par mourir. Tout va bien, donc. Ce qui est vrai en biologie l'est en sciences sociales. La mort des entreprises, des façons de travailler (les rapports de production de Marx), des technologies, des traditions doit faire place nette pour la modernité. Mais, quoique le résultat soit identique, le sens de la causalité n'est pas le même en biologie et dans la vie sociale : ce n'est pas l'agonie de l'ancienne économie qui laisse grandir la nouvelle. C'est la modernité, c'est-à-dire un nouvel ordre « technico-économique », qui s'impose à l'ancien et le tue, violemment, dans le sang et les larmes. Ce nouvel ordre technico-économique est pourtant formidable ! Vive les énergies décarbonées, la voiture sans chauffeur, les villes intelligentes, l'œil artificiel, la guérison des cancers ! Vive le nouveau monde !

Simplement, j'aime aussi les livres et aller acheter un disque. J'aime conduire. Sillonner la France ou l'Italie en voiture, quel plaisir ! C'est peut-être pour cela que j'aime les cartes routières dépliées sur la table du salon. Oui, je veux déménager. Mais j'ai des souvenirs, heureux et moins heureux, qui m'attachent à mon ancienne maison. Cette *saudade*, elle chavire des millions, peut-être des milliards d'âmes aujourd'hui. Comment vivre cette mutation quand on n'est ni du côté des réactionnaires, des nationalistes à la Marine Le Pen, des fondamentalistes religieux, ni du côté des Ray Kurzweil qui nous promettent un posthumanisme radieux ? J'abhorre les premiers. Je ne goûte guère aux prêches des seconds mais je veux aimer l'avenir. Je comprends désormais mieux la tristesse d'Érasme pris entre le feu papiste et le feu luthérien, ou celle de Stefan Zweig (arrière-petit-fils intellectuel d'Érasme) admirant l'innovation de la Belle Époque qui rend les hommes plus forts mais rêvant à l'âge d'or libéral autrichien du XIXe siècle. Comment entrer dans ce nouveau monde sans tristesse excessive ? Sans s'accrocher à ces paradis perdus ? Voilà la question que je pose ici.

J'ai écrit les premières lignes de ce livre à Zurich, au crépuscule de 2015, dans un café de la vieille ville, assis à une longue table en bois, devant mon ordinateur portable et 50 centilitres de Barbe blanche. De la fenêtre, je vois la Haus zum Schwert qui se dresse, haute et large, de l'autre côté de l'étroit bras du lac. Passant devant tout à l'heure, j'ai observé l'Interphone. Les compagnies financières de gestion de portefeuilles et les professions libérales ont pris la place des chambres de Mozart, Casanova ou Zweig. L'écrivain autrichien s'était déjà plaint de ce que son hôtel allait devenir un centre des impôts. Voilà un parfait exemple de nostalgie qui clarifie mes idées et peut donner un bon départ à cet ouvrage. Depuis quelques années, depuis que j'ai arrêté la télévision quotidiennement en fait, je voyage souvent. Disons un déplacement en province par semaine, un départ pour l'étranger chaque mois, en dehors de l'Europe chaque trimestre. L'étonnement que procurent le voyage, le décentrement culturel et géographique constitue une joie et un stimulant pour l'esprit, comme le thé et le café (et, oserais-je dire à notre époque hygiéniste, le vin) pour le corps. Sur cette joie particulière, correctement pratiquée, non pas comme ces touristes décérébrés qui compensent leur absence de vie intérieure en allant chercher des « sensations fortes » si possible lointaines, mais comme un voyageur qui recherche une agréable excitation intellectuelle, comment résister au plaisir de recopier quelques lignes de Montaigne ?

> Voyager me semble un exercice profitable. L'âme y a une continuelle excitation, à remarquer les choses inconnues et nouvelles. Et je ne sache point meilleure école, comme j'ai dit souvent, à façonner la vie, que de lui proposer incessamment la diversité de tant d'autres vies, fantaisies et usances : et lui faire goûter une si perpétuelle variété de formes de notre nature. Le corps n'y est ni oisif ni travaillé : et cette modérée agitation le met en haleine[1].

1. *Essais*, III, 9.

Parmi mes villégiatures proches favorites figure la Suisse. Ce choix baroque tient à des considérations esthétiques (la beauté des paysages, des villes et l'abondance des musées) et intellectuelles (la Confédération helvétique est l'organisation institutionnelle vers laquelle l'Europe devrait tendre). Le débat politique suisse me passionne car il tourne autour de la question du XXIe siècle : comment entrer dans l'avenir sans dénaturer notre passé ? Comment être le pays des nanotechnologies et celui des paysages de montagne d'une beauté à pleurer ? Les villes suisses incarnent cette tension : comment rester prospères et douces à vivre sans refuser un avenir technologique et économique qui rebat avec violence les cartes du monde ? Zweig, qui avait réussi, lui, à être un moderne sans mépriser la tradition, s'était peut-être exagérément inquiété de l'avenir de la maison Schwert. Car, après tout, l'imposante bâtisse asymétrique aux volets verts se reflète toujours dans l'eau. Elle n'est plus un hôtel mais son esprit est toujours vivace, montrant que le rêve platonicien est possible : sa réalité a changé mais pas sa vérité. Et Zurich est plus prospère et joyeux que jamais. La modernité n'est pas forcément triste. De ma table en bois, j'imagine, derrière la fenêtre, la silhouette arrondie de Casanova enfilant sa perruque et vérifiant dans son miroir que l'apparat susceptible de séduire les plus jolies Zurichoises est correctement disposé. Et moi je vais essayer d'identifier les conditions spirituelles qui vont nous permettre d'entrer avec confiance dans le

XXIe siècle en faisant de notre planète un bel endroit pour vivre.

Il sera pour cela nécessaire de parler de tout : d'économie, de sciences, d'histoire, de philosophie et de politique, au risque de heurter quelques spécialistes bornés. Le microcosme intellectuel tend à se diviser en deux parties : les spécialistes et les généralistes. Les premiers ont pris le pouvoir dans les universités, ce qui fut conforme aux évolutions des années 1990. Plus les sciences, des plus molles aux plus dures, progressent, plus la complexité nécessite des savoirs toujours plus pointus. C'est le cas en économie, qui est certainement une science (il existe un corpus de connaissances qui reste en attente d'être réfuté), quoique non exacte, où les chercheurs réduisent constamment le spectre de leurs travaux : Untel mène ses recherches sur l'impact du droit de l'environnement sur la compétitivité des entreprises, Unetelle s'applique à comprendre pourquoi certains pays ont plus confiance dans leurs institutions que d'autres... Ce qui est vrai en économie l'est tout autant en physique ou, plus encore, en histoire. La philosophie n'a pas échappé à cette segmentation. Autrefois discipline de la « vie bonne », elle se consacre désormais davantage à des travaux ésotériques sur l'épistémologie de la biologie au XIXe siècle qu'à « saisir son temps dans la pensée », pour reprendre le mot de Hegel. Cette remarque n'est pas une pique, mais elle pointe une insuffisance. Dans les temps de bouleversement que nous connaissons, une réflexion générale sur le monde dans lequel nous vivons est nécessaire, autrement elle laissera le vide aux barbares de toutes obédiences, en particulier les extrémistes politiques et les fondamentalistes religieux. Fin 2015, j'organisais dans le cadre du Cercle de Belém, que j'ai fondé avec l'économiste Pierre Bentata, un colloque sur l'avenir de l'État-providence en Europe, donnant la parole à des économistes, à des philosophes et à des personnalités politiques de différents pays. Un participant me dit, l'air sévère, en sortant : « Il serait temps de faire de la vraie économie ! » Outre le fait que les économistes membres de ce cercle publient dans les revues scientifiques les plus prestigieuses du monde, cette remarque comporte, pardon, la plus énorme erreur intellectuelle qu'on puisse commettre aujourd'hui. Et je n'exagère pas en lui donnant ce caractère d'absolu : je pense vraiment que se tromper davantage n'est pas possible. Ce qui a permis à Pic de la Mirandole, à Kant ou à Adam Smith de faire comprendre à l'humanité la nature du monde qui s'éveillait et les défis qu'elle allait devoir relever, c'est une connaissance transversale de l'environnement dans lequel ils vivaient.

La période contemporaine présente bien des traits communs avec la Renaissance et avec le passage du XVIIIe au XIXe siècle. Or ces deux périodes ont été marquées intellectuellement par une grande transversalité des savoirs. Il y a quelques années, Cynthia Fleury avait montré que le projet « renaissant » était affaire de perspective visuelle, ce qui est évident dans le domaine de l'art, mais aussi de perspective intellectuelle, cette perspective étant rendue possible par le recul et l'élargissement de la vue[1]. Pour la philosophe, le projet intellectuel de la Renaissance est celui du dialogue des civilisations et des cultures, mais aussi celui des ponts jetés entre la philosophie, la théologie, la poésie, la peinture, la musique ou l'astrologie. Léonard de Vinci était versé dans les sciences, les mathématiques et la musique. Pour lui, l'art pictural constituait la synthèse esthétique du savoir humain. Il se vantait de mieux connaître le corps qu'un médecin. Pic de la Mirandole, à Florence, représente le sommet de cette tentative de transversalité[2]. Dans la seconde partie du XVIIIe siècle, l'effervescence technologique et politique amène quelques esprits brillants et indépendants à se réunir périodiquement à Birmingham, de préférence les soirs de pleine lune – marcher à la lumière de la lune facilite le retour à la maison rendu difficile par la fusion de la nuit et de la brume britanniques. Erasmus Darwin, le grand-père de Charles, accueille souvent chez lui la Lunar Society. Erasmus est médecin comme certains sont économistes. Mais on peut aussi bien le considérer comme poète, botaniste ou ingénieur. Le club réunit, entre autres, James Watt, l'inventeur de la machine à vapeur, et son associé l'industriel Matthew Boulton. On frissonne en imaginant ce que furent les conversations quand se retrouvaient, dans la maison d'Erasmus, Watt, Boulton, Adam Smith, Benjamin Franklin et

1. Cf. Cynthia Fleury, *Dialoguer avec l'Orient*, PUF, 2003.
2. En 1485, âgé de 22 ans, Pic de la Mirandole décide de rassembler l'ensemble des connaissances connues en Europe.

Richard Arkwright, parmi d'autres entrepreneurs, ingénieurs et médecins. Je rêve qu'une telle association puisse renaître de nos jours.

Que le monde soit plus complexe aujourd'hui n'annule pas la nécessité d'une transversalité de la pensée : cela la rend plus difficile à atteindre, mais aussi plus nécessaire. Autrement dit, nous avons bien besoin de spécialistes, car comment mener une réflexion globale sans s'appuyer sur ces savoirs ? Mais, pour ne pas rester ballottés dans le chaos du monde, nous avons également besoin de clés de compréhension systémique, notamment pour pouvoir construire un discours philosophique puis politique correspondant aux besoins de notre temps et embrassant le large panorama des défis qui se présentent à nous. Sans ce récit, les populistes et les fondamentalistes de tous bords occuperont l'ensemble de l'espace du débat public, et c'est déjà ce que l'on voit poindre dans certains pays comme les États-Unis ou la France. En allant me promener sur des terrains historiques ou philosophiques sur lesquels on ne m'a pas invité, je fais chose utile !

PREMIÈRE PARTIE

LE NOUVEAU MONDE

1

La 5e mutation

J'aime les livres construits avec une logique forte. Un ouvrage tel que celui que vous tenez entre vos mains est à l'opposé d'un traité universitaire, ne vous inquiétez pas. Mais il contient un récit linéaire, avec un début, un milieu et une fin. Le début apporte le fondement du raisonnement : l'économie mondiale vit une vague d'innovations qui n'a connu, dans l'Histoire de l'humanité, que quatre précédents.

Les thèses erronées de la grande stagnation

Ceux qui pensent correctement ont bien vu que notre époque était singulière. Nous ne sommes pas dans les années 1980, une de ces périodes où tout était simple à prévoir : l'économie, la politique ou le climat. Certes, la vie est faite de mouvements et d'aléas, et même les années 1980 n'ont pas dérogé à cette règle. Mais il est des moments où les mouvements sont plus amples, les aléas plus fréquents. Oh, il existe bien encore quelques économistes aveugles à ce qui arrive. Je ne sais plus qui, l'autre jour, expliquait que « la voiture sans chauffeur n'est rien d'autre qu'une voiture améliorée ». Le même aurait affirmé en 1900 que la voiture à moteur n'était qu'une diligence améliorée. Passons. Il n'en reste pas moins qu'il existe un fort courant de sympathie des économistes envers des thèses déclinistes. En même temps, un mépris trop affiché envers elles serait malvenu : après tout, ce sont peut-être eux qui ont raison. Plus probable (plus méchant, mais plus juste) : s'opposer à ce qu'on considère être faux est le meilleur moyen de faire de la pédagogie. C'est pourquoi je vais commencer par exposer ces thèses de la grande stagnation pour, ensuite, expliquer pourquoi elles sont erronées.

C'est l'économiste américain Robert Gordon qui a donné naissance aux théories de la « grande stagnation » dans un article qui demeure la base des débats contemporains sur la croissance[1]. Gordon explique que, sur le long terme, la croissance d'une économie s'identifie au progrès technique, c'est-à-dire à l'innovation. À long terme, les gains de productivité « normaux » de l'économie américaine atteignent 2 % par an. Cela peut sembler faible mais ça ne l'est pas. Une arithmétique élémentaire rappelle qu'une grandeur qui croît de 2 % par an double tous les trente-cinq ans. Le problème, c'est que l'économie américaine semble ne plus tenir ce

1. « Is U.S. Economic Growth Over ? Faltering Innovation Confronts the Six Headwings », NBER, Working Paper 18315, août 2012.

rythme depuis plusieurs années. Gordon retient trois grandes périodes d'innovation : de 1750 à 1830, l'émergence de la machine à vapeur et des grands moyens de transport (bateau puis chemin de fer) ; de 1870 à 1900, l'apparition du courant électrique, du moteur à combustion et de la chimie ; de 1960 à 2005, les ordinateurs, Internet et les téléphones mobiles. Gordon note, cycle après cycle, un épuisement des effets des innovations.

C'est vrai : l'augmentation de la productivité pendant la troisième période mentionnée par Gordon est bien en deçà de celle de la première. Gordon ajoute que des vents contraires, propres à la période que nous traversons aujourd'hui, freinent la croissance : la population vieillit, ce qui entraîne une baisse du taux d'activité ; les individus sont déjà largement éduqués, ce qui rend vain l'espoir de réaliser de nouveaux progrès significatifs dans ce domaine ; les inégalités de revenus créent un climat qui n'est pas propice à une innovation inclusive ; la compétition des pays émergents contraint les salaires dans les pays riches ; la crise environnementale génère des coûts toujours plus élevés ; enfin, selon les pays, l'État ou les ménages sont très endettés et vont devoir augmenter leur épargne ces prochaines années. Finalement, et c'est là la principale conclusion de Gordon, la croissance de ces deux cent cinquante dernières années était, pour l'humanité, une parenthèse, l'exception à la règle. Nous n'avons plus qu'à atteindre la joie dans la sobriété.

Ainsi résumée et dévêtue de son appareil analytique, la thèse de Gordon semble à charge. On a vraiment l'impression que l'auteur a réalisé une analyse statistique volontairement rapide et a collectionné tous les arguments susceptibles de nous déprimer. On peut même les réfuter un à un : la baisse du taux d'activité peut être compensée si les gens partent plus tard en retraite et si le chômage diminue ; il reste dans de nombreux pays développés des centaines de milliers de personnes proches de l'illettrisme et qui ne peuvent pas participer à l'activité économique ; il est possible de faire diminuer les inégalités par de bonnes politiques dans le domaine de la formation ; la crise environnementale génère énormément d'opportunités de business ; la croissance basée sur l'innovation est le meilleur moyen de redonner de la solvabilité aux États comme aux personnes. Mais surtout, la vague d'innovation qui a commencé à monter il y a une quinzaine d'années et qui va encore prendre de l'ampleur est porteuse de gains de productivité extraordinaires. Je pense même que la mondialisation va en faire la vague la plus haute depuis la machine à vapeur.

Gordon n'est évidemment pas le seul économiste de premier plan à prévoir une longue stagnation. C'est aussi le cas de Lawrence Summers, qui compare l'économie américaine à celle du Japon au début des années 1990. Lawrence Summers est l'un des économistes américains les plus connus. Il a occupé entre autres responsabilités le secrétariat d'État au Trésor de Bill Clinton, la présidence du Conseil économique national (un organe rattaché au président des États-Unis) et celle de Harvard. Pour Summers, le vieillissement démographique et le manque d'opportunités d'investissement acculent l'économie mondiale à un excès d'épargne qui déprime les taux d'intérêt sans que la croissance puisse se réveiller d'elle-même[1]. En France, le cheval fatigué de la grande stagnation a été monté par la plupart des économistes universitaires. En réalité, toutes les phases de mol état de l'économie ont vu fleurir les théoriciens de la grande stagnation, et l'Histoire s'est révélée sévère avec eux[2]. Ils se sont toujours trompés. L'innovation finit toujours par extraire l'économie de sa torpeur même si cette sortie est lente, chaotique, anxiogène et conflictuelle. Mais justement, le rôle des savants n'est pas de se laisser aller aux peurs communes mais de penser. Ces erreurs d'analyse se sont répandues dans une partie de la corporation des économistes les années qui ont précédé les Trente Glorieuses. La crise économique des années 1930 avait été partiellement conjurée par le New Deal de Roosevelt qui, grâce à la lance à incendie des dépenses publiques et de la dévaluation du dollar, avait vivifié l'activité à partir de 1934. Mais les politiques keynésiennes ne constituent jamais un horizon indépassable. Elles sont efficaces à court terme et au bout de quelques années, doivent être mises en sourdine car l'utilisation de la lance à incendie

1. « Why Stagnation Might Prove to Be the New Normal », *Financial Times*, 15 décembre 2013, et « Washington Must not Settle for Secular Stagnation », *Financial Times*, 5 janvier 2014.

2. Sur ce sujet, on doit lire l'excellente contribution de Pierre Dockès, « Les débats sur la stagnation séculaire dans les années 1937-1950 : Hansen-Terborgh et Schumpeter-Sweezy », *Revue économique*, n° 66, mai 2015.

crée une inondation nommée dette publique. Après Keynes survient une austérité dont les effets sont d'autant plus pénibles que les politiques de relance n'ont pas déclenché de croissance économique autonome du secteur privé. D'aucuns fantasment aujourd'hui sur le New Deal de Roosevelt. C'est oublier que, s'il a réveillé l'économie sur le moment, une fois les effets vivifiants de l'eau froide passés, elle s'est rendormie immédiatement. De ce point de vue, le début des années 2000 est une réplique de la fin des années 1930. Au lieu de procéder à cette analyse réaliste des politiques keynésiennes, certains économistes de l'époque se sont laissés aller à voir dans la rechute de 1937 le prélude à une grande stagnation. Cela a été oublié, mais le premier thuriféraire de la grande stagnation a été Keynes lui-même dans une conférence de 1937 intitulée « *Some Economic Consequences of a Declining Population* », dans laquelle il s'inquiète des effets négatifs durables du ralentissement démographique sur les perspectives économiques, surtout dans une situation de sous-emploi. Un autre économiste illustre va appuyer la thèse de la grande stagnation. Il s'agit d'Alvin Hansen qui avait contribué à la conception du New Deal comme conseiller du gouvernement américain. Suivant un raisonnement « à la Gordon », Hansen estime que l'ère des grandes innovations schumpétériennes est révolue[1]. Celles qui se profilent à la fin des années 1930 sont moins

1. Alvin Hansen, *Full Recovery or Stagnation ?*, W.W. Norton & Company, 1938.

capitalistiques que le chemin de fer, l'électricité ou l'automobile : la planète est tout entière peuplée, et des épopées comme la conquête de l'Ouest ne contribueront plus jamais à l'économie mondiale. Enfin, l'essoufflement démographique amène une baisse de l'investissement des ménages en biens de consommation durables comme les automobiles. De cette vision déprimante découlent des propositions interventionnistes comme la réduction des inégalités par la fiscalité ou la création de banques publiques car l'économie ne peut plus s'épanouir spontanément. L'État doit lui-même investir, non plus pour relancer l'économie mais pour la pousser artificiellement et éternellement sur un sentier de croissance.

Le débat entre les économistes stagnationnistes et les autres a culminé en 1946 à Harvard lors d'une conférence mettant en scène le jeune Paul Sweezy et le vieux Joseph Schumpeter. Ces deux personnalités avaient publié des livres importants en 1942, ce qui avait permis à leur opposition intellectuelle franche, bien qu'ils fussent amis, d'infuser[1]. Sweezy soutenait avec un appareil analytique sophistiqué une thèse marxisante assez simple : le capitalisme tend à être de plus en plus monopolistique, ce qui concentre les capacités d'investissement dans un nombre réduit de mains. Cette évolution du capitalisme aboutit à des crises de

1. Paul Sweezy, *The Theory of Capitalist Development : Principles of Marxian Political Economy*; Joseph Schumpeter, *Capitalism, Socialism and Democracy*. Ce n'est pas insulter la mémoire de Sweezy que de rappeler que les deux livres ne connurent pas la même postérité.

surproduction de plus en plus graves. Le destin d'une économie capitaliste est donc de croître de moins en moins. Il existait un point d'accord entre Sweezy et Schumpeter : le crépuscule annoncé du capitalisme. Mais cette fin ultime découlait de considérations fort différentes. Pour Sweezy, le système économique capitaliste s'affaiblit mécaniquement. Schumpeter ne croyait pas à une crise finale mais à l'incapacité du monde entrepreneurial et bourgeois à défendre un système attaqué par les intellectuels. Car, comme l'a parfaitement vu Schumpeter, le capitalisme survit par l'innovation qui n'est possible, à long terme, que dans une démocratie libérale (ou tout au moins un pays en voie de démocratisation). Cette même démocratie libérale permet aux intellectuels critiques du capitalisme de conspuer à longueur de journée ce système sans lequel ils croupiraient en prison. Ce paradoxe fait partie des charmes de notre monde contemporain, mais Schumpeter le pensait mortel.

L'histoire économique a radicalement démenti les analyses de Hansen et Sweezy alors qu'elles étaient incroyablement populaires dans les années 1940, comme le sont aujourd'hui les thèses de la grande stagnation. Seul l'évident enrichissement des Trente Glorieuses a pu convaincre le public que la crise des années 1930 n'avait pas mis fin à la croissance et que la rechute de 1937 ne constituait que le contrecoup logique du New Deal. Bien sûr, la reconstruction d'après guerre avait contribué à la croissance des Trente Glorieuses en France, en Allemagne ou au Japon. Mais la croissance s'est réveillée avant la fin de la guerre aux États-Unis qui, en outre, par définition, n'ont pas bénéficié du plan Marshall. Les stagnationnistes à la Gordon se trompent toujours.

Vivre mieux et plus longtemps

Je ressens de l'affection intellectuelle pour ceux qui ont compris que l'humanité traverse quelque chose de sérieux. Cette affection n'est pas romantique car je laisse le romantisme à l'art et à l'amour. Elle est intellectuelle. Ainsi, même si Jeremy Rifkin nous enfume en nous faisant miroiter un monde post capitaliste de la gratuité et de la gentillesse partagée, je le préfère à Gordon[1]. Rifkin pense faux en partant du vrai, et ses livres dégagent des effluves de guimauve molle et trop sucrée. Gordon se trompe du tout au tout, et ses livres ont un goût de cendre. C'est pire. Simplement, Rifkin parle de « troisième révolution industrielle[2] », et les deux premiers termes de l'expression me semblent mal choisis. Le mot « révolution » est trompeur. L'ordre technico-économique ne fait pas un tour à 360 degrés. Il se transforme, emportant avec lui toutes les structures de notre société. Ce n'est pas un mouvement circulaire mais un changement irréversible. On ne

1. Cf. Jeremy Rifkin, *La Nouvelle Société du coût marginal zéro*, Les Liens qui libèrent, 2014 ; Babel, 2016.

2. Jeremy Rifkin, *La Troisième Révolution industrielle*, Les Liens qui libèrent, 2012 ; Babel, 2013.

refera pas un arbre avec du papier. « Mutation » est plus approprié que « révolution ». L'idée de « troisième » révolution industrielle est aussi problématique. Rifkin définit une révolution industrielle comme une période dans laquelle trois phénomènes technologiques apparaissent simultanément : nouveau mode de production énergétique, nouveau mode de communication et nouveau mode de transport. Cette définition est plus restrictive que celle habituellement retenue par les économistes, qui se limite à l'émergence de « technologies multi-usages », c'est-à-dire de techniques qui vont avoir des conséquences sur l'ensemble de l'économie et non pas sur un secteur en particulier. La définition traditionnelle multiplie les révolutions industrielles et balkanise le temps : révolution de la machine à vapeur, du chemin de fer, de l'électricité, de la voiture, de la chimie, de l'aéronautique... Celle de Rifkin, au contraire, en réduit considérablement le nombre puisqu'il n'en voit plus que trois : la première commence à la Renaissance avec l'imprimerie (moyen de communication) et se prolonge aux XVIIIe et XIXe siècles avec la machine à vapeur et le charbon (moyen de production énergétique) ainsi que les réseaux de chemin de fer (moyen de transport) ; la deuxième correspond à la Belle Époque et voit la convergence du moteur (moyen de transport avec les voitures puis les avions), de l'électricité, du pétrole (énergie) et du téléphone, de la radio et de la télévision (communication). Le problème avec Rifkin, c'est que pour lui l'Histoire du monde commence à la Renaissance, ce qui est faux pour une raison anthropologique :

l'humanité a toujours cherché à améliorer sa condition matérielle durablement. Si l'on y réfléchit bien, c'est même ce qui différencie l'homme de l'animal : l'animal survit grâce à son instinct, l'homme change la condition de son espèce, ce qui lui confère une Histoire avec un grand H et fait naître des civilisations différentes dans l'espace et le temps, alliages de technologies, de modes de vie, de valeurs et de cultures. Au fond, on peut assurer avec certitude que l'humanité a toujours cherché à innover, ce qu'une visite dans n'importe quel musée sur la préhistoire confirme.

C'est pour pallier l'insuffisance des définitions traditionnelles des révolutions industrielles que j'en propose une autre en m'intéressant aux conséquences des mutations technico-économiques autant qu'à leurs éléments constituants. Mon idée, c'est de définir une mutation comme une période de l'humanité où les innovations sont suffisamment nombreuses et puissantes pour permettre à l'homme d'aboutir à ses fins, ce qui nécessite de répondre à la question suivante : que cherche l'être humain ? Une manière alternative de poser la question est : depuis que l'homme est homme, qu'a-t-il réussi à faire qu'il ait recherché ? Une seule réponse est difficilement contestable : l'homme a cherché à gagner du temps sur la mort. Et il l'a fait de deux façons : *en dehors de lui*, c'est-à-dire en s'assurant une descendance, et *en lui*, c'est-à-dire en prolongeant sa propre vie et en essayant de l'améliorer en luttant contre les désagréments du corps. Toutes les actions « classiques » ou « moyennes » des hommes vont dans le même sens :

éviter la mort, procréer et protéger leurs enfants. Bien sûr, il existe des personnes qui se suicident, des parents infanticides et des tueurs en série. Mais ce sont des comportements marginaux. A-t-on déjà vu à une période de l'Histoire plus de la moitié de la population se suicider ou tuer ses enfants ? Pour le commun des mortels, cela est inimaginable. La grande affaire de l'humanité, c'est la vie, ce que démontre André Comte-Sponville[1]. La fin du monde, écrit-il, entraînerait moins de morts et de souffrances que sa continuation puisque les milliards et milliards d'individus à naître sont destinés à souffrir et à mourir. Il n'y a là rien d'autre qu'une évidence arithmétique. Or, si l'on suppose que vivre et mourir font souffrir, et si l'on veut minimiser les souffrances de l'humanité, la conséquence logique serait de nous sacrifier, nous tous qui peuplons aujourd'hui la Terre. D'autant que, en quittant la vie tous ensemble, nous évitons de laisser nos proches seuls. La fin du monde mettrait fin à la souffrance du monde, brutalement mais avec efficacité. Pourtant, cette idée semble absurde. Ne dit-on pas pour minimiser un problème : « Ce n'est pas la fin du monde » ? Pour nous humains, la fin du monde, c'est-à-dire la fin de la vie, c'est le scénario du pire, une perspective insupportable. Nous ne vivons donc pas pour ne pas souffrir puisqu'il suffirait alors de nous suicider. Nous vivons pour jouir, aimer,

1. Cf. André Comte-Sponville, *Le Goût de vivre : et cent autres propos*, Albin Michel, 2010.

créer, lutter, bref nous vivons pour vivre[1]. Dans un beau livre récent, le philosophe français Clément Vidal explique que le but ultime de la science est de créer de nouveaux univers en vue de la disparition de celui dans lequel nous vivons[2]. Cette théorie peut sembler fantaisiste quand on sait que notre système solaire est menacé à l'horizon de 4 milliards d'années et notre univers d'ici 10 puissance 100 années. Mais en même temps, souligne Laurent Alexandre, d'ici là, l'homme aura vaincu la maladie et la vieillesse. Notre disparition par la fin de l'univers deviendra un sujet brûlant. Il s'agira, encore une fois, de faire reculer la mort. Ce que veulent les humains, c'est vivre malgré tout parce que l'amour de la vie l'emporte sur le désir d'en finir. Ce que les philosophes démontrent, une analyse factuelle de la démographie mondiale et de l'espérance de vie le conforte. C'est ce que les économistes appellent les « préférences révélées » : si une action humaine est réalisée en l'absence de contrainte, c'est qu'elle a été souhaitée.

Ce combat pour la vie, *Homo Sapiens* le mène depuis des dizaines de milliers d'années avec succès. L'amélioration de la vie matérielle a toujours une conséquence souhaitée, consciemment ou non : faire gagner la vie, la nôtre ou celle de nos prochains. Nous sommes aujourd'hui plus nombreux sur Terre que

1. André Comte-Sponville, *Le Goût de vivre, op. cit.*
2. *The Beginning and the End : The Meaning of Life in a Cosmological Perspective*, Springer, 2014.

nous n'avons jamais été, et c'est une victoire qui n'attriste que les mornes malthusiens. Nous vivons en moyenne plus longtemps et en meilleure santé que jamais. La « quantité totale de vie sur Terre » que l'on peut mesurer par le produit de l'espérance de vie moyenne et de la population mondiale n'a jamais été aussi élevée. Nous pourrions pondérer cette quantité par le bonheur de vivre, le résultat n'en serait pas changé. Qui croit sérieusement qu'on était plus libres et heureux sous l'Ancien Régime ou au Moyen Âge qu'aujourd'hui à part quelques irréductibles nostalgiques de l'ordre ancien ? La vie ne se mesure pas seulement par sa quantité mais aussi par sa qualité, son intensité, comme dit Nietzsche. Le mythe du berger qui vit heureux d'amour et d'eau fraîche a la peau dure, mais l'intensité de la vie n'est pas indépendante de la condition matérielle. Il est plus difficile pour un sans domicile fixe d'atteindre le Graal du « grand style » que pour un multimillionnaire. Je connais en revanche plusieurs multimillionnaires déchirés par mille souffrances et contradictions, à mille lieues de l'harmonie qui fonde le grand style de Nietzsche. L'aisance financière donne des possibilités dont tous ceux qui en bénéficient ne savent pas user.

Il est, dans l'Histoire de l'humanité, des moments où la « quantité totale de vie » augmente brusquement, mesurant des inflexions qui changent le monde. Ce sont ces inflexions qui marquent ces phases de mutation. Nous y sommes. Mais on ne traverse pas ces mutations sans spiritualité ni valeurs, sauf à risquer le chaos.

2

Brève histoire économique de ces 10 000 dernières années

Nous sommes plus nombreux aujourd'hui qu'il y a 200 000 ans. Nous vivons individuellement plus longtemps. Nos vies sont plus libres et plus riches. N'importe quel hurluberlu de mauvaise foi soutiendra l'inverse, mais c'est ce qui fait l'un des charmes de l'humanité : penser que la préhistoire était une période plus favorable à notre épanouissement que le XXIe siècle. Nous avons du mal à percevoir une réalité que seules les statistiques de longue période nous font entrevoir : notre monde contemporain est le plus accueillant de toute l'Histoire de l'humanité. Et, d'une certaine façon, c'est bien le problème : habitués que nous sommes à nos vies de confort et de sécurité, notre vulnérabilité à tous les risques, économiques, sociaux ou terroristes, atteint des sommets. La terreur de tout perdre nous fait penser n'importe quoi.

Non, ce n'était pas mieux avant

Pour s'en convaincre, on peut lire les travaux d'un jeune économiste allemand basé à Oxford, Max Roser. C'est l'une de mes idoles. Ses recherches passionnantes recouvrent l'économie, la santé et la sécurité et, les jours de spleen, plongez-vous dans ses statistiques[1]. Dans le domaine économique, Roser rappelle que, ces vingt dernières années, la pauvreté absolue (la part des individus vivant avec moins de 1,25 dollar par jour – dollars constants) a été divisée par 2 (de 30 % à un peu moins de 15 %), alors que 66 % des Américains interrogés estiment qu'elle a doublé. Quasiment tous les pays pauvres sont engagés dans un processus de développement économique, ce qui a une conséquence mécanique : à l'échelle monde, les inégalités se réduisent (cette tendance de réduction des inégalités est particulièrement visible depuis 1988). Comme le souligne l'économiste américain Jeffrey Sachs, notre génération a pour la première fois dans l'Histoire la capacité d'éteindre le phénomène de la grande pauvreté. Les données concernant la santé renvoient une image similaire : la mortalité infantile a quasiment disparu à l'échelle mondiale ; l'augmentation de l'espérance de vie, observée depuis approximativement 1875, alors qu'elle était comprise selon les pays entre 20 et 40 ans, a explosé. Cette excellente nouvelle concerne aussi

1. Elles sont disponibles sur le site ourworldindata.org

l'espérance de vie dite « en bonne santé ». L'espérance de vie ne ralentit pas, y compris dans les pays les plus pauvres. Tout cela n'étonnera pas les spécialistes de la santé publique. L'une des maladies qui tuent le plus dans le monde reste la malaria. Depuis 2005, on note enfin une baisse de la mortalité liée à cette pathologie notamment en Afrique, de très loin le continent le plus touché, à la fois grâce aux protections de plus en plus efficaces mais aussi grâce aux traitements. Autre exemple spectaculaire : la plupart des pays africains, à l'exception notable du Nigeria, ont quasiment éradiqué la poliomyélite.

Vu les circonstances marquées par la montée du terrorisme, ce sont les chiffres qui concernent notre sécurité physique qui sont les plus intéressants. Et là encore, les données de Roser sont sans ambiguïté : le nombre de morts liés aux guerres diminue rapidement en raison de l'absence de conflits à très large échelle, comme avaient pu l'être les guerres du XXe siècle, les guerres napoléoniennes ou celles liées à la Révolution française. Dans les sociétés préhistoriques, 10 % des individus étaient tués par d'autres ! On peut dire la même chose de la sécurité « intérieure ». En Europe, les taux annuels d'homicides pour 100 000 personnes sont inférieurs à 5, soit une division par 10 depuis la Renaissance. Concernant le terrorisme en tant que tel, à moins de vivre en Irak ou en Afghanistan, on en meurt très peu dans le monde, 60 fois moins que de suicides et 180 fois moins que de diarrhées. Le terrorisme se réveille, et ce n'est pas une vision faussement catastrophiste du monde qui le rendormira.

Si notre monde est si aimable, c'est parce qu'il n'a jamais été autant civilisé. Roser montre que l'insécurité a baissé dans le temps avec l'extension des libertés. Or, depuis l'écroulement du communisme, le nombre de démocraties s'est envolé. Les derniers pays autocratiques sont localisés au Moyen-Orient et en Asie. Finalement, 40 % de la population mondiale vit encore sous un régime autocratique ou proche de l'autocratie. C'est beaucoup, mais cela n'a jamais été aussi faible. Ce monde accueillant ne s'est pas construit en un jour. Il est le résultat d'une très longue évolution commencée il y a des dizaines de milliers d'années, au cours desquelles les périodes de mutation constituent de grandes accélérations, dangereuses et décisives. Cette marche n'est pas linéaire. Certains individus abhorrent la démocratie, la liberté, l'éducation et le marché. Plus notre monde progresse, plus ces individus le rejettent et recherchent des moyens, politiques ou violents, de faire dérailler ce train.

L'invention de l'agriculture

L'être humain moderne (*Homo Sapiens*) est apparu il y a environ 200 000 ans. Il est « humain » dans la mesure où il parle un langage sophistiqué (comparé aux animaux), entretient des relations sociales complexes, investit, c'est-à-dire qu'il est capable de prendre du temps pour fabriquer des outils et des vêtements, pour travailler en vue d'une satisfaction future. *Homo Sapiens* innove pour améliorer sa manière de produire. On le définit en fonction de ce qu'il fait et non de ses caractéristiques biologiques, qui le distinguent peu du chimpanzé. Ses outils sont en pierre puis en métal. Il se nourrit quand il a faim, chassant des animaux et allant cueillir des fruits et des légumes sur des territoires différents selon les saisons jusqu'à ce que, épuisant la flore et la faune, il soit amené à « inventer » l'agriculture, il y a 10 000 ans environ. C'est dans le Croissant fertile, là où le climat est le plus propice à la culture des céréales et des légumineuses, là où les chèvres, les porcs et les moutons abondent, que l'agriculture et l'élevage se sont développés avant de s'étendre vers la Turquie et la Grèce puis vers l'Europe de l'Ouest.

Ce lent passage de plusieurs milliers d'années de l'ère paléolithique à l'ère néolithique constitue la 1re grande mutation de l'humanité, dans la mesure où elle augmente de façon vertigineuse les possibilités des humains. Il y avait eu une sorte de prémutation vers 40 000 av. J.-C. avec l'invention du harpon, de l'arc et des flèches, ce qui augmenta considérablement la productivité de la chasse et permit à la population mondiale de passer de 500 000 à 6 millions de personnes environ. Mais c'est l'agriculture qui fait entrer l'Histoire de l'humanité dans une ère de croissance démographique quasi continue. L'agriculture n'est pas une invention dans le sens d'une découverte qui se serait soudainement révélée à l'humanité mais un processus progressif et lent. Elle n'en reste pas moins une innovation qui génère un saut de productivité : le même nombre d'êtres humains peut produire beaucoup plus, ce qui permet, en retour, de nourrir davantage d'individus, d'où l'augmentation des naissances et de la population. Entre le paléolithique et le néolithique, la population passe de 6 à 100 millions[1]. Après l'agriculture, la sédentarité fait que les femmes peuvent accoucher d'un enfant par an jusqu'à la ménopause. Alors que les groupes de chasseurs-cueilleurs étaient composés de quelques dizaines d'individus, les cités comme Jéricho (la plus ancienne ville du monde ?), dans l'actuelle Cisjordanie, peuvent regrouper des centaines d'habitants. Le monde commence à ressembler à quelque chose, et la tendance au peuplement de notre planète ne s'arrêtera plus. Il y aura des mouvements temporaires de recul de la démographie comme pendant les guerres de l'âge de bronze ou les épidémies du Moyen Âge, mais ce sont des moments d'exception. À partir de la mutation néolithique, la question n'est plus celle de l'augmentation de la « quantité de vie sur Terre », mais celle de son rythme d'augmentation.

L'invention du commerce

Mon ami Démosthènes Davvetas explique plaisamment que Socrate a inventé la philosophie en réaction

1. Cf. Jean-Noël Biraben, « L'évolution du nombre des hommes », *Population et Société*, n° 394, octobre 2003.

au climat politique grec qui, selon lui, a toujours été ostensiblement passionnel. Il le sait bien, lui qui s'est opposé à Aléxis Tsípras avec raison, à un moment où la démocratie athénienne s'est jetée dans les bras de ce politicien, trouvant mille qualités de courage à un individu disposé à raconter n'importe quoi pour accéder au pouvoir. Selon Démosthènes, ce qui est vrai aujourd'hui l'était durant l'Antiquité, et la mentalité rationaliste socratique incarne depuis le début une contre-culture. À cette amusante théorie, on peut en opposer une autre, plus matérialiste : la philosophie rationaliste s'est développée quand le monde en avait besoin parce que l'économie athénienne avait engendré la 2e grande mutation technico-économique de l'Histoire de l'humanité : celle du grand commerce. Socrate est né vers 470 av. J.-C. Les travaux du Pirée ont commencé vers 490 av. J.-C.

Thémistocle, né d'une famille de petits commerçants, a voulu développer une base navale au Pirée, constituée du port et des « longs murs » vers Athènes, pour abriter une flotte militaire en cas de nouvelle invasion perse et aussi pour développer le commerce. Athéna n'était-elle pas apparue à Télémaque guidant un bateau empli d'une cargaison de fer prête à l'échange contre du cuivre ? Thémistocle avait compris que la puissance émane d'une économie prospère, bien que cette condition soit insuffisante. Au Ve siècle avant notre ère, l'économie change de nature grâce au développement du commerce lointain et aux progrès technologiques réalisés dans le secteur de la construction[1]. Imaginez ce que fut le chantier du Parthénon, entre travail de la pierre et fonte du bronze. Le terrain devint un site industriel. Les coûts de transport étant prohibitifs, il était plus avantageux de produire sur place. Nombre de progrès dans les travaux publics (notamment l'amélioration de la qualité du béton) et la logistique furent réalisés à ce moment-là.

Sparte, pourtant militairement plus forte, s'est rapidement inquiétée, voyant dans Le Pirée une infrastructure efficace menaçant sa puissance. Et en effet, Le Pirée confère sécurité et prospérité à Athènes qui devient une ville cosmopolite, ce qui en retour alimente le dynamisme économique selon un cercle vertueux maintes fois répété dans l'Histoire. Le Pirée devint le haut lieu de la démocratie et du multiculturalisme. La cité grecque s'ouvre à l'immigration. Les débats sur ces changements se multiplient et développent la discussion critique, celle qui va autoriser la montée des sciences entamée avec Thalès, Anaximandre et Anaximène, puis l'apparition de l'école au cours de la génération d'Aristote et d'Alexandre le Grand. À l'inverse, Sparte, intellectuellement arriéré, refuse les écoles puisque les rites suffisent.

La démographie du siècle de Périclès est mal connue. Les archéologues ont retrouvé des registres de décès,

1. Mon analyse de l'économie antique grecque se base sur les contributions d'historiens regroupées dans Walter Scheidel et Sitta von Reden, *The Ancient Economy*, Routledge, 2002.

des listes militaires, des documents administratifs, mais ni assez nombreux ni assez exacts pour concevoir des recensements précis. Néanmoins, plusieurs travaux d'historiens permettent de comprendre qu'Athènes fut, de la construction du Pirée jusqu'aux guerres du Péloponnèse, une cité pleine de vie, c'est-à-dire un lieu où une population en expansion bénéficiait de conditions matérielles qui s'amélioraient. Athènes n'est pas une ville d'où l'on part mais une ville où l'on va : on parlerait dans le langage d'aujourd'hui d'immigration ou même d'attractivité des « classes créatives », comme lorsqu'on évoque la Silicon Valley. Cette « immigration volontaire » de métèques était complétée par une « immigration contrainte » et abondante d'esclaves. La population athénienne devint suffisamment importante pour qu'Aristote s'en inquiète : « [...] quant au nombre d'enfants, si les mœurs répugnent à l'abandon complet, et qu'au-delà du terme formellement imposé à la population, quelques mariages deviennent féconds, il faudra provoquer l'avortement avant que l'embryon ait reçu le sentiment et la vie[1]. »

Comme dans chaque grande mutation, les changements ne se limitent pas à l'économie mais infiltrent progressivement tous les pores de la société, jusqu'à modifier radicalement la façon de vivre des hommes. L'agriculture les avait sédentarisés, avait rendu plus intenses l'envie et le besoin de posséder et plus vives les inégalités de possession. Ce faisant, elle a instauré

1. *Politique*, chapitre 14, alinéa 10.

un nouveau genre de pouvoir. La société était plus plate à l'ère paléolithique. Elle se verticalise avec l'agriculture. Avant le grand commerce grec, la vie était organisée en petits groupes autarciques. Les sociétés grecques primitives étaient retranchées derrière des fortifications, placées sous l'autorité d'un chef guerrier et soumises aux rites et aux traditions magiques, c'est-à-dire au respect des divinités. Les chefs de famille aidés de leurs esclaves, éventuellement de leurs femmes, produisaient des denrées agricoles et des objets artisanaux. Ils en autoconsommaient l'essentiel et échangeaient le surplus avec les membres de leur communauté, souvent sur des bases affectives : je troque mes olives contre tes citrons parce que nous sommes amis. Il n'y avait ni marché (pas de « marché » mais beaucoup de « micromarchés ») ni système monétaire (quelques échanges médiatisés par de l'or ou de l'argent mais pas de « système »). Le calcul économique était embryonnaire. Les paysans et les artisans sommaient leurs ventes mais n'avaient pas inventé la comptabilité en partie double. L'aristocratie athénienne ne pensait même pas à l'économie (le terme n'existe pas avant Aristote), seulement au prestige. Elle n'épargnait pas pour investir mais pour accumuler des liquidités en cas d'imprévus, guerres, blocus ou mauvaise récolte. Conformément à la philosophie grecque traditionnelle, l'aristocratie s'assurait mais n'innovait pas. Le conservatisme économique était aussi social : que tout soit ordonné, conforme à l'ordre cosmologique et sans raison d'évoluer. Que rien ne change puisque l'ordre naturel est éternel.

L'essor du Pirée transforme la vie économique et sociale en profondeur. En multipliant les relations commerciales, il fait émerger la première société impersonnelle où l'on échange des produits agricoles et des biens manufacturés avec des inconnus. Cette ouverture constitue une rupture qui, au IVe siècle avant notre ère, dérangera encore Aristote, pourtant plus enclin à la nouveauté que Platon. Un producteur de vin peut conditionner sa production dans une amphore et l'exporter d'Athènes vers les autres rives de la mer Égée. Chose incroyable : le vin sera acheté en monnaie de métal précieux et bu par un inconnu. Par un inconnu ! Là réside la nouveauté : l'échange lointain et l'explosion de la société close traditionnelle. Les sociétés ouvertes et développées sont abstraites. Je ne connais pas les personnes qui ont tiré le retsina qu'on vient de me servir dans un curieux verre à pied en imitation cristal dans un café de Glyfáda. Des notions nouvelles apparaissent : la prospection, le commerce, la caravane, la concession. Ce nouveau type de commerce entre inconnus permet aux uns de se spécialiser dans le vin, aux autres dans les olives (80 % de la population reste paysanne). L'extension des opportunités de profit fait naître quelque chose qui est de l'ordre de l'entrepreneuriat, même si Athènes ne verra pas la naissance de l'industrie moderne capable d'écouler sa production à grande échelle. L'Italie du Nord, tout à sa volonté chrétienne de valoriser le travail, s'en occupera au Moyen

Âge. Néanmoins, Athènes anticipe Venise, Anvers ou Singapour : c'est un écosystème de production, de logistique et de finance. C'est aussi le début de la fiscalité organisée : Athènes finance ses dépenses publiques par les droits de douane. La Grèce invente le contrat de travail et la mondialisation par voie d'eau, un modèle encore dominant aujourd'hui : Fernand Braudel a souvent expliqué que le « cœur » de « l'économie monde » devait être un port. C'est en Grèce que naît la « société ouverte », qui fait émerger la jalousie et la crainte, les deux ferments de la déstabilisation sociale et de la guerre. Les sociétés ouvertes, qui permettent à certains de leurs membres (jamais tous) de s'enrichir, accouchent par là même de leurs ennemis, à l'intérieur (guerre de classes) comme à l'extérieur (guerre de puissances). C'est le début de la modernité, de sa prospérité mal partagée, de son absence de relations directes et de ses désordres nécessaires et déstabilisants. L'humanité monte une marche sur l'échelle de la vie prospère, longue et intense. Mais pas tous les hommes.

L'invention du monde

La Renaissance est la grande mutation qui ressemble le plus à celle que nous vivons aujourd'hui par son ampleur et la déstabilisation qu'elle a opérée dans les âmes. C'est pourquoi je lui consacre une place plus importante que les autres.

Je serais tenté de faire commencer la Renaissance au IXe siècle, point de départ d'une révolution technologique qui va durer quasiment jusqu'au XVe, et je la ferais mourir à la fin des Lumières, quand les conséquences philosophiques de la révolution copernicienne auront été tirées. La vague technologique du IXe siècle est celle du moulin, d'abord à eau, ensuite à vent. Il y eut bien un Moyen Âge austère, une période noire, qui suivit la chute de l'Empire romain. L'effacement de la sécurité entraîna une agonie du commerce qui renvoya l'économie à ce qu'elle était avant le siècle de Périclès : des échanges de proximité qui font fantasmer quelques thuriféraires de la décroissance oubliant que le déclin du commerce lointain a toujours conduit à la misère des hommes. Mais, à partir du IXe siècle, l'Europe se couvre de moulins. Le moulin à eau se révèle une véritable « technologie multi-usage » qui mécanise le sciage du bois, l'affûtage des couteaux et la mise en charpie des chiffons pour fabriquer du papier. Énergie hydraulique, énergie éolienne, énergie animale aussi : on apprend à atteler les chevaux de manière à faire reposer le poids des marchandises sur leurs épaules et non sur leur cou. La fixation de fers permet de limiter l'usure des sabots. L'araire, qui ne fait que griffer les sols légers, est remplacé par la charrue lourde, qui retourne les sols lourds et humides. Avec la charrue, la productivité agricole double, et l'exode des paysans vers les villes peut commencer. C'est le début de l'industrialisation avec la création de manufactures de draps. Et comment ne pas évoquer l'assolement triennal de nos manuels d'histoire de collégiens ? Un tiers des terres est laissé en jachère, ce qui augmente leur rendement et permet de développer l'élevage, de moutons surtout, animaux qui fournissent de la laine (principale matière première industrielle de l'époque), du lait, du beurre, du fromage, du parchemin et de la viande. La Renaissance n'aurait pas eu lieu si les technologies énergétiques et agricoles n'avaient pas gagné en efficacité. Comment imaginer les grandes découvertes au VIIe ou au VIIIe siècle ?

Et comment lire des cartes si l'on ne voit pas ? L'être humain a toujours souffert de problèmes de vue. L'invention des lunettes, dans la seconde partie du XIIIe siècle en Italie du Nord, va avoir des conséquences sur une large gamme d'activités : agriculture, artisanat, industrie naissante. Les lunettes augmentent le confort de travail et permettent de demeurer à l'ouvrage après 40 ans. Et comment s'organiser sans notion précise du temps ? Presque aussi importante que les lunettes, l'horloge entraîne une rationalisation du commerce et de l'industrie. C'est pourquoi les villes s'en équipent et y attachent un système de cloches, afin que tous les habitants puissent en profiter. Comment voyager sans bateaux ? Là où la Grèce et Rome nous avaient laissés avec les rames de direction, le Moyen Âge nous propose le gouvernail d'étambot : un homme seul peut diriger un bateau, quelle que soit sa taille, quelle que soit la météo. La boussole, flanquée d'une rose des vents, permet de savoir où l'on va, y compris la nuit et en haute mer. Les galères sont équipées de canons, utiles pour tenir les navires ennemis à distance et ne pas mobiliser la totalité d'un équipage pour se battre. Gutenberg pense à imprimer des bibles dès les années 1430. Quand il revient à Mayence en 1448, sa technique d'impression est suffisamment avancée pour convaincre Johann Fust d'investir dans l'affaire. En outre, le prix du papier a beaucoup baissé. Après avoir mis au point plusieurs prototypes d'imprimés, Gutenberg et ses associés sont en mesure de publier une première bible, en 1454. Il s'agit du premier livre jamais édité en Occident (cent cinquante exemplaires sur papier, trente sur vélin).

Les grandes mutations de l'Histoire ne sont pas des périodes où l'on invente, ce ne sont pas des temps où les têtes chercheuses tourmentent leur esprit. Ce sont des moments de « synthèse créative » où la convergence des technologies existantes trouve un sens. La boussole, les armes à feu, les horloges, les cartes, les bateaux à gouvernail vont faire germer dans certains esprits la possibilité de découvrir le monde, d'ouvrir des routes maritimes inexplorées et même de vérifier que la Terre est sphérique. Toutes ces innovations désincarnées prennent sens dans un grand dessein. Ce dessein, il est pensé par l'Infant Henrique. Ce n'est un hasard, ni de temps ni de lieu. Ce n'est pas un hasard de temps car les technologies sont prêtes mais pas encore pleinement utilisées. Ce n'est pas un hasard de lieu car le Portugal occupe une place paradoxale sur la carte du monde au XVe siècle. C'est un petit pays à la fraîche indépendance où souffle un vent de liberté et d'aventure nouveau. Il est situé au bord de l'Atlantique mais, de cet endroit, que peut-on faire avant les grandes découvertes ? Personne ne pense qu'on puisse rejoindre les Indes et la route des épices puisque Ptolémée, encore puissant dans les esprits, enseigne qu'on ne peut contourner l'Afrique. Avant les grandes découvertes, le salut géographique est offert aux pays qui bordent la Méditerranée. À l'inverse, l'Atlantique n'est rien d'autre qu'une immense flaque d'eau agitée, inquiétante, dont personne n'imagine l'issue. L'intuition géniale d'Henrique (mais d'où la tient-il ? Les excellentes cartes romaines se sont perdues avec l'effondrement de l'empire), c'est d'imaginer que l'Afrique peut ouvrir vers les Indes.

La vie n'a pas rendu justice à Henrique. Il meurt en 1460 après avoir contribué à l'accumulation d'une somme géographique impressionnante. En 1471, l'homme européen accoste en Équateur, en 1484 au Congo, en 1486 au cap de Bonne-Espérance. En 1498, six ans après l'arrivée de Christophe Colomb en Amérique, Vasco de Gama réalise le rêve d'Henrique et met fin à la géographie ptoléméenne en abordant les Indes après avoir contourné l'Afrique. Le petit Portugal domine désormais un empire trop grand pour lui. C'est alors que se produit un basculement comme il en est peu arrivé dans l'Histoire de l'humanité. Jusqu'alors, les navigateurs aventuriers étaient regardés comme une spécificité portugaise, au mieux avant-gardiste, au pire sans autre objet que la folie. Désormais, c'est toute l'Europe qui, jusqu'au tour du monde de Magellan (achevé en 1522), se jette dans l'ivresse de voyages toujours plus longs qui la mènent à Terre-Neuve, au Labrador, au Brésil ou au Japon.

L'humanité fut bouleversée par ces découvertes qui ont métamorphosé la représentation d'un monde circonscrit, pour les Européens au moins, à la géographie de leur continent. Certes, les philosophes grecs envisageaient que la Terre fût sphérique. Mais, au tournant du XVIe siècle, cette abstraction devient réalité. Magellan prouve, par l'expérience, que la Terre est ronde et attire les corps à elle. Ce changement de la représentation du monde va beaucoup plus loin avec Copernic puis Galilée qui prouvent que la Terre n'est pas le centre de l'univers et que l'univers est infini. Ce qui est en jeu, comme l'a montré Alexandre Koyré, c'est le passage d'une vision d'un monde clos à un univers infini[1]. De ce point de vue, le procès de Galilée comme les démêlés de Darwin avec l'Église incarnent la résistance des esprits humains à ce changement de conception de l'univers, infini et chaotique, et de son humanité, qui n'en constitue plus qu'un ensemble régi par des lois biologiques et physiques. Étienne Klein amène le raisonnement de Koyré dans ses derniers retranchements : la méthode de Galilée, faite d'équations abstraites, déconnecte l'humanité de l'univers[2]. L'étude de l'environnement des hommes n'est plus sensorielle mais intellectuelle. On ne touche plus, on

1. Cf. Alexandre Koyré, *Du monde clos à l'univers infini*, Gallimard, 1988.
2. Cf. Étienne Klein, *Galilée et les Indiens : allons-nous liquider la science ?*, Flammarion, 2008.

calcule. Un monde s'est écroulé, ce qui tourmente l'homme de la Renaissance.

Le terme Renaissance que j'emploie à tour de bras est doublement trompeur. Jules Michelet a popularisé ce mot au XIXe siècle parce qu'il vivait lui-même une renaissance personnelle, ayant retrouvé l'amour auprès d'une jeune auditrice du Collège de France après le décès de son épouse en 1839. Michelet a, pour convenance personnelle, envoyé des générations d'écoliers sur une piste qui ne mène pas à la vérité. Car le terme Renaissance déprécie par contraste le Moyen Âge. Or j'ai rappelé à quel point le Moyen Âge, à partir du IXe siècle, a constitué une période d'innovation joyeuse. Ladite Renaissance n'est que la pointe émergée d'un socle historique bien plus ancien. En outre, les contemporains ont vécu cette renaissance avec angoisse, exactement comme nos concitoyens envisagent l'intelligence artificielle ou le séquençage du génome. Car, au fond, comment s'assurer que ce monde qui vient, plein d'incertitudes, de promesses et de dangers, sera meilleur que ce monde qui s'effondre, désagréable par certains côtés mais aimable par d'autres ? Il y a plus. Ces grandes mutations technico-économiques qui mènent sur le chemin du progrès dégradent paradoxalement la vision que l'humanité a d'elle-même. C'est de cette façon que l'on peut interpréter les « blessures narcissiques » freudiennes. Freud, dans sa lumineuse *Introduction à la psychanalyse* de 1916, explique les choses comme suit : Copernic a ramené l'homme à l'état de minuscule parcelle de l'univers ; Darwin a fait de l'homme un animal plus proche du singe que de Dieu ; enfin, la psychanalyse montre que le « moi n'est pas seulement maître dans sa propre maison ». Il n'est pas étonnant, nous dit Freud, que Copernic, Darwin ou lui-même aient subi tant d'attaques (Freud parle joliment de « l'oubli de toutes les règles de politesse académique »). À attaquer ainsi l'humanité, fût-ce au titre de la vérité, on s'expose à l'opprobre du plus grand nombre. C'est un type d'angoisse assez proche qui resurgit aujourd'hui quand des scientifiques ou, plus humiliant, des dirigeants d'entreprise évoquent l'avènement prochain de la « singularité ». La singularité est ce moment à partir duquel l'évolution de la technologie va déboucher sur une intelligence artificielle des milliers de fois supérieure à celle de l'humain actuel. L'humanité aura créé un ordre technologique supérieur qui la supplantera et deviendra incontrôlable. Ray Kurzweil, l'ingénieur en chef de Google, l'attend un peu avant 2050. Il n'est pas le seul.

L'homme de la Renaissance connaît le spleen. Pourtant, cette période offre à l'humanité de la vie nouvelle. La population a augmenté entre 1500 et 1600 : de 16 à 20 millions d'habitants en France, de 12 à 16 en Allemagne, de 10 à 13 en Italie[1]. Alors même que la mortalité infantile atteint des proportions inimaginables à notre époque (25 % des enfants meurent avant leur premier anniversaire), alors même que la peste

1. Jan de Vries, « Population », dans *Handbook of European History, 1400-1600 : Late Middle Ages, Renaissance and Reformation*, 2 vol., Brill, 1994.

demeure endémique malgré des reflux momentanés, les progrès des techniques agricoles fortifient la santé humaine et conduisent à augmenter la population. Les revenus générés par l'activité économique laissent dans leur sillage des progrès médicaux. Ambroise Paré perfectionne ses techniques chirurgicales en substituant la ligature à la cautérisation pour traiter les amputations des hommes blessés par les armes à feu. Il laisse à la postérité cette phrase, qui nous fait trembler aujourd'hui mais qui, dans le contexte de la première partie du XVIe siècle, traduit une amélioration de la réflexion médicale rationnelle : « Je le pansai, Dieu le guérit. » Un peu plus tard, Descartes se laissera aller à ses penchants transhumanistes. Il voyait l'homme comme une machine ultraperfectionnée dont on percerait un jour tous les mystères. Pour lui, la santé était le but principal de la science. À sa mort en 1650, la gazette d'Anvers écrira : « Il est mort en Suède un fol qui disait qu'il pourrait vivre aussi longtemps qu'il voudrait. »

Ne croyez pas que la plus grande maîtrise du monde, au XVe siècle comme aujourd'hui, confère à l'homme une plus grande tranquillité d'esprit. C'est même, pendant ce temps de passage d'un monde à l'autre, le contraire. Comment le dire avec autant de clarté que Stefan Zweig dans sa biographie d'Érasme ?

> Un élargissement aussi brusque du monde extérieur doit fatalement avoir comme corollaire une profonde transformation du monde psychique. L'individu se trouve inconsciemment amené à penser, à calculer, à vivre en se

basant sur des données différentes ; avant que le cerveau se soit adapté à ce changement à peine concevable, il se manifeste déjà une modification dans le domaine de l'âme. Quand celle-ci perd brusquement sa mesure habituelle, quand elle sent glisser les lois et les normes ordinaires, il se produit d'abord chez elle une confusion inévitable, faite d'inquiétude et d'ivresse. [...] On est en présence de l'un de ces moments caractéristiques où l'humanité se trouve en quelque sorte dépassée par ses propres actes et doit faire appel à toutes ses forces d'adaptation[1].

L'invention de la machine

Ce que le langage courant a qualifié de première révolution industrielle constitue la 4e grande mutation. Dès le XVIIIe siècle, une série de transformations technologiques apparaissent en Angleterre. L'utilisation de matières minérales et la transformation de chaleur en énergie permettent de substituer à la mécanique irrégulière et fatigable des hommes celle des machines. Ce changement ne fut pas soudain. La technologie britannique de la fin du XVIIIe siècle est née deux siècles plus tôt avec l'utilisation du charbon comme matière première et combustible. La révolution industrielle a été britannique, car les Anglais ont su profiter des opportunités offertes par l'émergence du « marché unique » européen dès le XVIe siècle puis des débouchés offerts

1. *Érasme*, Grasset, « Les cahiers rouges », 2003 [1988].

par leurs colonies en Amérique et aux Indes[1]. L'expansion industrielle et l'urbanisation qui en ont découlé ont entraîné une pénurie de bois qui a obligé les Anglais à exploiter la houille. Comme 10 000 ans auparavant, la crise écologique déclenche la révolution économique et la croissance, une leçon de l'Histoire que les plus pessimistes de nos écologistes ont oubliée. La forte hausse des salaires a incité les entreprises britanniques à remplacer le travail humain par des machines. Enfin, l'urbanisation a augmenté les besoins agricoles, ce qui a conduit les paysans à augmenter leurs rendements. La révolution industrielle britannique a en réalité commencé quatre siècles avant sa matérialisation par la diffusion de la machine à vapeur. De la même manière que la révolution néolithique ne s'explique pas en totalité par des facteurs purement matériels, comme l'épuisement de la faune, l'extraordinaire croissance économique britannique à partir de la fin du XVIIIe siècle émane de la capacité des Britanniques à utiliser la machine à vapeur plutôt que de la machine à vapeur en elle-même. Seule, la technologie n'est rien. Elle n'acquiert de la valeur que lorsqu'elle est accueillie par une culture entrepreneuriale qui délaisse subtilement les traditions et les anciennes manières de travailler pour en adopter de plus adaptées à l'usage des nouvelles techniques. Pour comprendre l'Histoire du monde, il

1. Robert Allen, *The British Industrial Revolution in Global Perspective*, Cambridge University Press, 2009.

faut mobiliser les explications matérielles et les logiques culturelles.

La révolution de la machine a permis, comme la révolution néolithique, une augmentation vertigineuse de la « quantité de vie sur Terre ». L'historien britannique Angus Maddison, décédé en 2010, a consacré sa vie à reconstituer, à partir de sources éparses, des séries statistiques macroéconomiques depuis l'an 0. Il a particulièrement étudié le XIXe siècle, montrant que le phénomène de croissance économique partagée, c'est-à-dire bénéficiant à l'ensemble des habitants d'un pays, est récent. Il débute à la toute fin du XVIIIe siècle et s'amplifie dès 1820. C'est à partir de ce moment que le niveau de vie et l'espérance de vie augmentent. Angus Maddison calcule que, au Royaume-Uni, l'espérance de vie à la naissance était inférieure à 35 ans au milieu du XVIIIe siècle. Cent ans plus tard, elle a gagné environ dix ans. Entre 1750 et 1820, le taux de mortalité avant l'âge de 1 an tombe de 195 à 144 %. La révolution industrielle a brisé le cercle vicieux identifié par Malthus à la fin du XVIIIe siècle. Désormais, le revenu, la population et le revenu par habitant croissent de concert et plus vite que jamais dans l'Histoire de l'humanité. Malthus s'est trompé comme les malthusiens se sont égarés avant et après lui. Ces gens-là sont incapables d'avoir confiance dans l'alliance entre la technologie, l'économie, la spiritualité et les valeurs.

3

Le tremblement du XXIe siècle

Nous sommes entrés il y a une quinzaine d'années dans la 5e grande mutation et il nous faudra encore au moins dix ans avant d'en sortir. Vingt-cinq ans, c'est très court au regard du passage du paléolithique au néolithique, et c'est court comparé à la Renaissance. Mais pour nous, c'est une longue période bien que, paradoxalement, nous en saisissions la rapidité. Tout nous semble aller trop vite pendant une période trop longue. Cette 5e mutation met à notre disposition des outils merveilleux, susceptibles de nous aider à guérir le monde de ses blessures : pauvreté, santé, pollution... Mais rien n'est gratuit. Le monde ne sera sauvé qu'en ayant une claire conscience philosophique de l'usage des innovations de la 5e mutation.

La blessure narcissique de l'intelligence artificielle

La 5e grande mutation est celle des NBIC (nanotechnologies, biotechnologies, informatique, sciences cognitives), acronyme laid et difficile à prononcer mais plus précis que la simple idée de « numérisation ». Au fondement des NBIC, se trouve la phénoménale progression des capacités informatiques formalisée par la loi de Moore, cette loi qui autorise les rêves et les cauchemars technologiques et économiques les plus insensés, de l'intelligence artificielle à la singularité et au transhumanisme. L'ancien président d'Intel Gordon Moore avait remarqué que, entre 1959 et 1965, la capacité des puces informatiques avait doublé chaque année. En 1975, il révisa légèrement son opinion, jugeant que la puissance des puces doublerait seulement tous les dix-huit mois. En 1995, il pouvait constater qu'il avait eu raison. En 1950, un serveur informatique réalisait 1 000 opérations par seconde. En 1964, ce chiffre montait à 1 million, puis à 1 milliard en 1986, 1 000 milliards en 1998 et à un peu plus de 10 millions de milliards aujourd'hui. En juillet 2015, Barack Obama a demandé aux principales agences gouvernementales américaines de développer un programme de travail leur permettant d'atteindre l'exaflop (1 milliard de milliards d'opération par seconde) au début des années 2020.

Les applications de la loi de Moore dans les domaines des nanotechnologies, des sciences du vivant et de l'intelligence artificielle ont commencé à modifier en profondeur l'économie et la société. Dans le domaine de la génétique, les séquençages, les diagnostics, voire les réécritures de génome nécessitent un nombre colossal de données et d'opérations. C'est la loi de Moore qui fait chuter leur coût et métamorphose ces services en biens de consommation courante. C'est grâce à la puissance informatique que, déjà, ces domaines ne sont plus l'apanage de la recherche fondamentale publique, mais des entreprises, c'est-à-dire du grand public.

Le consensus scientifique, aujourd'hui, voit au-delà de la loi de Moore. Le grand public prend à peine conscience de son importance que le concept emprunte doucement le chemin du cimetière. Il est techniquement de plus en plus difficile d'augmenter la puissance des puces qui doublera désormais, au mieux, tous les 30 mois. Mais la vague NBIC s'élève grâce à d'autres vents dont l'un nous fascine et nous inquiète : l'intelligence artificielle. À l'aube du printemps 2016, le logiciel AlphaGo de Google a battu à quatre reprises le champion du monde de jeu de go Lee Sedol. L'humanité entière a pu matérialiser l'existence de l'intelligence artificielle. Nous avons été piqués par la douleur infligée par cette quatrième blessure narcissique. L'intelligence artificielle en question n'est que « faible ». Elle n'est pas capable de se programmer elle-même pour proposer à ses adversaires de jouer à un autre jeu. Mais elle vient nous concurrencer, nous les humains, sur notre propre terrain : celui de la raison et de la prise d'initiative. L'intelligence artificielle, même faible, pose déjà la question essentielle du XXIe siècle : qu'est-ce qui différencie l'homme de la machine ? Ce type de questions est propre aux grandes périodes de destruction créatrice schumpétérienne. La question philosophique centrale de la Renaissance et des Lumières, tranchée par Pic de la Mirandole, Rousseau et Kant, interrogeait la différence entre l'homme et l'animal.

L'intelligence artificielle ne réussit pas encore le test de Turing. Vous savez, Turing, après la guerre, avait inventé le test d'évaluation du passage dans le monde de l'intelligence artificielle totale. Turing pensait qu'on pourrait considérer un artifice comme intelligent si, dans une pièce noire, des individus étaient incapables de dire qui, de l'intelligence artificielle ou des individus, était humain. Nous en sommes loin. Il suffirait de plaisanter avec AlphaGo ou de lui proposer un dernier verre pour le comprendre. Mais l'intelligence artificielle faible est déjà élaborée dans la mesure où elle ne se limite pas à stocker des quantités exponentielles d'informations et à choisir une réponse selon la question posée. Elle apprend elle-même de ses expériences. Au fur et à mesure du jeu, AlphaGo est devenu un adversaire de plus en plus redoutable, comme un être humain qui apprend de ses succès et de ses erreurs, mais avec une mémoire et des capacités de calculs colossales. L'intelligence artificielle est amenée à progresser d'elle-même. AlphaGo, même quand il joue, nous inflige une blessure narcissique car, sans aucun doute, il est intelligent, comme nous. Il ne nous menace pas physiquement. Ça, c'est pour un peu plus tard, quand l'intelligence artificielle sera hybridée à un robot, une technique assez simple au regard des technologies dont nous disposons déjà. L'intelligence artificielle robotisée nous rendra des services : elle nous conduira, fera le ménage, du rangement ou simplement nous tiendra compagnie (enfin, elle nous surveillera). Il existe des robots déjà adorables, d'autres seront sexy et, évidemment, nous pourrons faire l'amour avec eux (la prostitution sera aussi victime de la destruction créatrice, tant mieux). L'intelligence artificielle pourra nous détruire si elle est programmée pour nous frapper au visage dans certaines éventualités, par exemple si nous l'insultons d'un ton agressif.

La destruction créatrice économique et sociale

Le tsunami NBIC ne laisse pas la flore, la plage et les côtes inchangées. Il apporte et balaie, pulvérise parfois. Il rend obsolètes les vieux *business models* des entreprises et les anciennes politiques publiques. Si l'on saisit ce tsunami sous forme d'une photographie, on peut distinguer quatre mouvements dans la vague[1].

1er mouvement : la numérisation des contenus

La partie la plus ancienne de la vague, celle qui retombe sur la plage, a pris naissance à la fin des années 1990, au moment où je faisais mes études universitaires. Cela paraît insensé car je ne suis pas vieux, mais, à l'université de Paris-Dauphine, je me souviens que

1. C'est mon collaborateur Charles-Antoine Schwerer, chez Asterès, qui a décomposé la vague NBIC en quatre mouvements. Je reprends ici son idée.

nous passions des heures à recopier dans des fichiers Excel poussifs des pages entières de données issues de grands registres du FMI et de la Banque mondiale. Une fois ces données numérisées à la main, nous pouvions effectuer des calculs assez frustes. L'informatique existait, mais ce type de contenus n'avait pas encore été mis à disposition sur Internet. C'est à la toute fin de la décennie et surtout au début des années 2000 que nous avons émergé de cette préhistoire. C'était l'époque de la numérisation des contenus culturels et de l'information, ainsi que de la première prise de conscience contemporaine de la violence schumpétérienne. L'e-mail, les moteurs de recherche, les encyclopédies et le téléchargement ont fait de la lettre, des annuaires, du *Quid* et des CD des reliques du XXe siècle. C'est le moment où la presse a commencé à être sérieusement bousculée. Elle l'est encore quinze ans après.

Dans un premier temps, les entreprises numériques ont simplement numérisé les contenus sans en produire. Cette stratégie a permis la croissance ultrarapide des GAFA (Google, Apple, Facebook et Amazon) qui, dans les premières années de leur existence, étaient de simples intermédiaires. Dans un second temps, ces nouveaux acteurs ont créé leurs propres contenus. Amazon a édité des livres, Netflix a produit des séries et Wikipédia est devenue plus complète que l'*Encyclopædia Universalis*. Les vieilles entreprises, celles qui vivaient paisiblement avant la vague, souffrent encore quinze ans plus tard. Les GAFA, en revanche, se portent comme des charmes.

2e mouvement : l'uberisation

Uberisation : ce terme fait trembler, et je n'ai pas demandé aux fondateurs d'Uber s'ils étaient satisfaits de l'incroyable notoriété de leur marque, pour le pire et le meilleur[1]. C'est ainsi que la directrice générale d'une Chambre d'artisanat qui m'avait invité à m'exprimer devant ses membres m'avait confié, gênée : « Notre président nous a dit, comme un reproche : "Savez-vous que votre invité promeut l'uberisation ?". » L'interprétation dudit président était erronée puisqu'il s'agissait dans mon esprit de décrire le monde tel qu'il est puis d'en tirer des conclusions pratiques pour les artisans. On n'est pas favorable à un tsunami. Au minimum on l'observe avec intérêt. L'uberisation, donc, est le 2e moment de la vague NBIC. C'est son sommet. Après les contenus, la digitalisation progressive de l'économie s'est étendue à l'accès aux services. Des plateformes ont mis en relation des offreurs de services et des clients. Au début, le service rendu n'a pas changé. Booking a modifié la manière de réserver un séjour, mais la chambre de l'hôtel est restée la même. Dans un deuxième temps, la numérisation de l'accès a modifié

1. Une définition restreinte du concept d'« uberisation » est la numérisation de l'accès aux services par l'apparition d'une plateforme et de travailleurs indépendants (modèle Uber pour le transport avec chauffeur). Plus largement, le terme peut se définir comme le renversement rapide d'un rapport de marché grâce au numérique, équivalent de la « disruption » anglo-saxonne.

ce que Marx appelait les « rapports de production ». Le modèle Uber, qui allie plateforme numérique et travail indépendant au détriment du vieux salariat, symbolise ce phénomène. L'une des nouveautés est la rapidité d'action de cette nouvelle « destruction créatrice » qui repose sur trois facteurs. Tout d'abord, le travail indépendant : une fois la plateforme déployée, ce sont les chauffeurs qui investissent (dans le véhicule et la formation), d'où des capacités élevées d'entrée sur de nouveaux marchés. Ensuite, la conquête d'utilisateurs : dans le monde numérique, le coût du changement est nul et la comparaison des offres est facile. La base d'utilisateurs augmente rapidement lorsqu'une offre est compétitive. Enfin, la tendance des plateformes à se constituer en quasi-monopoles : les producteurs et les consommateurs ont intérêt à se rassembler autour de la même application. Une position de leader devient rapidement une position dominante. Le modèle Uber, une plateforme pour travailleurs indépendants, s'étend. Il affectera bientôt les pressings, les architectes, les coiffeurs, les esthéticiennes, les pompes funèbres.

Dans la description qui précède, on voit mal ce qui relève du « partage » ou de la « collaboration ». On parle pourtant bien, la bouche souvent en cœur et les yeux brillants, d'« économie du partage » ou d'« économie collaborative ». C'est que, en sus des plateformes pour les entreprises traditionnelles ou les indépendants, la technologie a permis de faire émerger des plateformes pour les particuliers. Le producteur du service n'est plus un professionnel mais le premier venu. Selon les modèles, il peut en tirer un bénéfice ou non, être partageux ou capitaliste. Mais surtout capitaliste ! Quand un particulier loue un logement sur Airbnb, il valorise un actif, un capital. Alors qu'auparavant, il laissait son logement vide pendant ses vacances ou ses longs séjours à l'étranger, désormais, il monétise cette sous-utilisation. Point d'après-capitalisme dans tout cela mais, au contraire, une nouvelle preuve que le capitalisme est incrusté dans nos sociétés ouvertes et que la technologie est à son service. Je ne m'en désole pas car je connais les forces et les faiblesses du système : une extraordinaire machine à produire de l'efficacité et des injustices que l'État doit corriger habilement. Les expressions « économie du partage » ou « économie collaborative » passent à côté de l'essentiel : ces formes d'activités sont rendues possibles par la technologie et n'auraient jamais connu une telle diffusion sans la loi de Moore. Elles s'inscrivent comme un poisson dans l'eau dans l'univers du capitalisme marchand.

3e mouvement : l'Internet des objets et le big data

La convergence de l'intelligence artificielle, des nanotechnologies et de la robotique va maintenant renouveler le monde des objets, c'est-à-dire notre réalité matérielle, les choses qui nous entourent, que nous voyons, que nous touchons. Nous avons jusqu'à présent accédé aux services numériques grâce à des terminaux dédiés comme des ordinateurs, des tablettes ou des smartphones. Demain, les objets communiqueront directement entre eux, et les terminaux dédiés seront moins indispensables. Comme l'a expliqué le jeune entrepreneur Rand Hindi lors de l'édition 2015 de TED^{X}Paris, la technologie sera partout autour de nous et, du coup, deviendra quasiment invisible alors qu'aujourd'hui elle nous obsède et nous rend fous. Notre dépendance aux smartphones, je veux dire non pas à la technologie elle-même mais aux objets qui la portent, est devenue pathologique. Nous fouillons, affolés, dans nos poches, quand l'objet du désir est hors de notre vue. Pénétrant dans une pièce, nous cherchons du regard la prise de courant qui rechargera le sésame avant qu'il ne s'éteigne, provoquant une petite mort, celle de la partie non biologique de notre être. Désormais, l'intelligence artificielle dite « contextuelle », en surveillant nos SMS, nos e-mails, notre agenda, nos requêtes sur Google ou les réseaux sociaux devinera nos attentes et prendra des initiatives telles que réserver un restaurant, appeler un médecin ou, en notre absence, baisser le chauffage. La technologie sera tellement présente qu'elle nous apparaîtra moins.

L'intrusion de la technologie dans les objets qui entourent notre vie quotidienne entraînera la collecte d'une somme considérable de données, déjà appelée *big data*. Le *big data* ne se résume pas à une accumulation colossale de chiffres plus ou moins bien cryptés dont l'enjeu serait de définir la propriété. Certes, la question de savoir si les *data* en question vous appartiennent à vous ou à l'entreprise qui les collecte et peut, soit les analyser pour ses propres besoins, soit les vendre, est déjà prodigieuse et, partout dans le monde, le législateur s'attelle à ce défi titanesque[1]. Mais la mutation du *big data* affecte la façon même dont les êtres humains raisonnent. Dans la revue *Wired*, Chris Anderson a publié dès 2008 un article visionnaire intitulé « The End of Theory ». Anderson y explique que la corrélation va remplacer la théorie. Jusqu'à maintenant, la science des comportements humains était basée sur des modèles qui formalisaient des causalités supposées. Par exemple, les modèles économiques supposent que la montée du chômage peut être la conséquence d'un recul de l'activité économique. Les modèles empiriques sont supposés infirmer ou confirmer des causalités initialement fondées sur le raisonnement, c'est-à-dire sur la raison humaine. Selon Anderson, le *big data* disqualifie brutalement cette manière de comprendre le monde. L'accumulation extraordinaire des données comportementales couplée à la capacité de calcul de l'informatique et de l'intelligence artificielle vont substituer le « c'est ainsi » au « pourquoi ». La psychologie, la sociologie et l'économie sont en passe de devenir des disciplines mortes car le *big data* parle de lui-même. Est-ce la raison pour laquelle, inconsciemment, je glisse de livre en livre de l'économie, matière

1. La loi numérique de 2016 portée en France par l'excellente Axelle Lemaire a ainsi permis de mieux définir la propriété des données en organisant légalement leur transférabilité et en introduisant la notion de « testament » et de « mort » numériques. Parfois la France conduit de bonnes politiques publiques !

de la compréhension, vers la philosophie, discipline de la spiritualité et des valeurs ?

Dans un ouvrage récent, le philosophe allemand Byung-Chul Han donne le coup de grâce[1]. Le *big data* perce notre inconscient. Ce « psychopouvoir » est bien plus pernicieux que le pouvoir politique traditionnel. Celui-ci nous surveille de l'extérieur. Le premier nous scrute de l'intérieur, sans que nous nous en rendions bien compte : « Notre société de surveillance numérique, en ayant accès à l'inconscient collectif et aux futurs comportements sociaux des masses, a un léger parfum de totalitarisme. » Construisons dès maintenant des contre-pouvoirs. Fascinant et angoissant : les deux aspects à la fois disais-je, puisque l'enjeu est d'aider l'humanité dans son combat ou de précipiter sa décrépitude.

4e mouvement : le transhumanisme

À ceux qui désespèrent de notre monde, je dis : regardez le monde de la santé, regardez les fantastiques progrès dont bénéficient les malades de cancers ou d'hépatite C à qui, il y a encore dix ans, n'étaient proposées que des solutions thérapeutiques palliatives, voire pas de solution du tout. C'est bien la société ouverte, c'est-à-dire le mariage du capitalisme (incarné par les laboratoires pharmaceutiques) avec la démocratie

1. Byung-Chul Han, *Dans la nuée. Réflexions sur le numérique*, Actes Sud, 2015.

libérale (incarnée par nos États-providence) qui a permis ce que les utopistes du XIXe siècle n'auraient pas pu imaginer. L'innovation sauve de maladies considérées comme incurables il y a trente ans et les progrès continuent.

Il faut néanmoins admettre que, de toutes les innovations qui fleurissent jour après jour, celles qui concernent la santé sont les plus fascinantes ET les plus angoissantes, ces deux termes étant complémentaires, car leur projet est parfois démiurgique. Elles illustrent avec éclat que notre période ne peut s'exonérer d'une réflexion économique ET philosophique. C'est ce ET qui confère à notre époque son caractère exceptionnel rempli de promesses et de dangers. Subrepticement, le transhumanisme (l'amélioration du corps) remplace la médecine traditionnelle (qui soigne le corps). Le mouvement est lent mais en marche. Le terme transhumanisme effraie mais, à bien y réfléchir, cette frayeur relève d'une sorte de réflexe de survie inversé : les NBIC pourraient nous sauver et même nous améliorer ? Non, pitié, non ! Finalement nous préférons mourir jeunes (on est jeune à 80 ans, l'espérance de vie à la naissance dans de nombreux pays aujourd'hui), mais « naturellement ». Cette peur de vivre plus longtemps est-elle réellement justifiée ? Dans son ouvrage sur le transhumanisme, Luc Ferry tempère fortement ces craintes[1].

Ce sont ces innovations du secteur de la santé qui amènent les changements les plus profonds dans les

1. Luc Ferry, *La Révolution transhumaniste*, Plon, 2016.

« superstructures de la société ». Bien entendu, imprimantes 3D, robots et drones vont transformer l'économie : le secteur de la manutention va se restructurer, au détriment des manutentionnaires eux-mêmes et au profit de la fabrication, du contrôle de l'entretien des drones. Leur présence au-dessus de nous va modifier l'aspect de nos villes. Les réactionnaires y verront le retour du diable techno-libéral, et les modernes les défendront corps et armes, sur l'autel du progrès. La réglementation devra s'adapter, ce qu'elle fera à tâtons. La voiture sans chauffeur générera croissance et emplois mais, dans un premier temps, on ne verra et n'entendra que les plaintes des taxis et des moniteurs d'auto-école. Et puis elle s'imposera, modifiant la vie des citadins qui, au lieu d'écouter les informations en conduisant, pourront regarder la télévision, jouer sur leur tablette, envoyer des SMS ou s'assoupir. Mais la question de la santé est d'une autre nature. Elle signe l'avènement d'une grande mutation et non d'un cycle d'innovations classique. Il ne s'agit pas seulement de nous déplacer dans notre propre voiture en feuilletant un magazine, mais de vivre beaucoup mieux et beaucoup plus longtemps. C'est cette caractéristique qui confère à notre période le titre de grande mutation.

Les NBIC ont déjà changé la médecine. L'intelligence artificielle précise les diagnostics. Les robots rendent la chirurgie plus précise et moins invasive. Je ne vais pas m'étendre sur les progrès médicaux que permettent les NBIC car celui qui tombera sur ces pages dans trente ans me prendra pour un dinosaure. Mais enfin, j'écoute ce que me dit Guy Vallancien, lui-même chirurgien : un robot chirurgical pourrait aujourd'hui quasiment opérer tout seul[1]. J'écoute Didier Buthiau, l'un de nos meilleurs diagnosticiens : les technologies NBIC font converger l'imagerie médicale et la chirurgie, à tel point que ces deux disciplines se fondent progressivement[2]. Dans quelques années, l'acte d'imagerie sera aussi l'acte chirurgical. L'ombre de Schumpeter se dresse : les patients l'accepteront car ils ont tout à y gagner. Mais les chirurgiens ? Et les anesthésistes, eux aussi sous le coup du tsunami de la destruction créatrice ? Les anesthésistes américains ne valent pas mieux que les luddites du XIXe siècle qui cassaient les machines. En mars 2016, l'entreprise américaine Johnson & Johnson a ôté de la vente son robot anesthésiste Sedasys, machine pour endormir avant un examen du côlon, et dont les autorités sanitaires américaines avaient permis la commercialisation dès 2013. Sedasys n'a jamais tué quiconque mais il a infligé une blessure narcissique aux anesthésistes de chair et d'os qui ne lui pardonnèrent pas. Ils firent pression pour que les hôpitaux ne dépensent pas la modeste somme suffisante à l'achat et à l'exploitation de cette machine. Mais comme toujours, la technique sera plus forte et les anesthésistes

1. Il faut lire son ouvrage *La Médecine sans médecin ? Le numérique au service du malade*, Gallimard, 2015.

2. Il est peut-être symptomatique que ces deux personnes (j'aurais pu en citer bien d'autres) passionnées par les technologies soient parmi les plus humaines que j'aie pu rencontrer.

devront apprendre à travailler avec des robots, au bénéfice de la santé des patients[1].

Les médicaments, eux, mettent quasiment tout le monde d'accord, à l'exception peut-être des pouvoirs publics qui les trouvent trop chers. Mais sinon, chacun, médecins comme patients, trouve avantage à ce que les thérapies soient sans cesse plus efficaces. La génétique accouche de thérapies ciblées qui révolutionnent la prise en charge de maladies répandues comme les cancers du sein. Beaucoup de femmes dans le monde bénéficient déjà d'un médicament, Herceptine, commercialisé par le laboratoire suisse Roche (le capitalisme n'a pas que des mauvais côtés). Cette thérapie est indiquée contre un cancer du sein particulier dans lequel une protéine dite HER2 est surreprésentée (et qui concerne environ 15 % des malades). Il y a 15 ans, ces cancers du sein présentaient un pronostic sombre. Aujourd'hui, certains médecins sont soulagés quand ils découvrent un cancer HER2. En plus des thérapies ciblées, de nouveaux médicaments utilisent le système immunitaire pour détruire les tumeurs. Cette « immunothérapie » offre des solutions pour des pathologies, comme certains mélanomes métastasiques, contre lesquelles, il y a quelques années, les oncologues étaient démunis. Thérapies ciblées et immunothérapies commencent à révolutionner la prise en charge des cancers comme en témoigne la progression des taux de survie.

1. Guy Vallancien a raconté cet épisode dans un article publié sur le site du *Huffington Post* le 29 mars 2016, « Le robot et le médecin ».

Mettre de l'ordre dans nos systèmes de santé pour les rendre plus efficaces et permettre à tous d'accéder à ces nouvelles thérapies est une exigence morale.

Les technologies NBIC agissent contre les maladies mais promettent aussi de lutter contre le vieillissement, ce qui contribue à brouiller la frontière entre soins « curatifs et « mélioratifs », sauf à assumer clairement que la vieillesse est une pathologie, analyse défendable du strict point de vue biologique. Au début de l'année 2016, une étude publiée par le magazine *Nature* a eu un grand retentissement médiatique, tant elle est en phase avec l'une des principales angoisses de l'humanité[1]. Une équipe de chercheurs américains a augmenté l'espérance de vie de souris de 30 %. Avec l'âge, le corps biologique accumule des cellules sénescentes qui font vieillir nos organes. Une modification génétique de ces souris a permis d'éliminer ces cellules. Non seulement les souris ont gagné en espérance de vie, mais elles ont aussi recouvré leur santé d'adolescentes ! Derrière cette expérience, la promesse, c'est bien celle d'un allongement brutal et inédit de l'espérance de vie en meilleure santé. Nous voilà à la frontière entre la médecine traditionnelle et le transhumanisme. Guérir plus, vieillir moins, pourquoi en avoir peur ? Au fond, ce n'est que le combat pour la vie qui continue.

La convergence des technologies NBIC, surtout passée l'étape de l'exaflop, va libérer des progrès

1. « Naturally occurring p16(Ink4a)-positive cells shorten healthy lifespan », *Nature*, n° 530, février 2016.

exponentiels prophétisés en France par Laurent Alexandre ou Guy Vallancien qui vont tirer comme jamais l'espérance de vie vers le haut. Vivrons-nous 300 ans ? Je l'espère pour mes proches et moi, même si cela créera de nouveaux problèmes comme la baisse de la natalité. Mais nous nous arrangerons. La lutte contre les maladies et le vieillissement va renforcer la peur de l'accident qui deviendra la principale cause de mortalité, non plus avant 40 ans mais avant 100 ans. Mais la voiture sans chauffeur aura fait chuter la mortalité routière ! Les entreprises technologiques de la Silicon Valley veulent atteindre le Graal de l'immortalité, là où la médecine traditionnelle voulait simplement nous soigner. Avec le temps toutefois, cette guerre de tranchées va se muer en réconciliation, chaque camp utilisant le savoir et les innovations de l'autre. La frontière entre réparation et amélioration du corps va progressivement s'effacer, laissant la place au transhumanisme. Ray Kurzweil nous voit déjà posthumains, c'est-à-dire hybridés à une machine grâce notamment à des implants neuronaux. L'âge du *neuro-enhancement* adviendra peut-être, mais nous en sommes loin. Le cerveau humain reste un univers mystérieux. Le posthumanisme est une anticipation. Pas le transhumanisme, dont nous vivons les prémices, ce dont on a quelques raisons sérieuses de se réjouir.

Les technologies NBIC se fécondent les unes les autres. La boule de neige roule de plus en plus vite et s'épaissit rapidement. Ceux qui la voient rouler sont pris de vertige. Mais elle finira par ralentir, trouvant des résistances sur un chemin plus cahotique. On ne peut découvrir et innover sur un rythme qui accélère sans cesse, tout simplement. Le tsunami d'innovations finit toujours par retomber, et jamais, par le passé, une vague n'est montée jusqu'au ciel. Cette vague-là retombera comme celles qui l'ont précédée, mais dans dix, quinze ou vingt ans. L'ordre technico-économique n'a pas encore connu son orgasme.

Le vent de la mondialisation

Il sera beau, ce monde dépollué où nous vivrons 300 ans. Je pourrai enfin courir aux alentours de mon bureau au centre de Paris car la ville intelligente aura rendu la circulation fluide et le stockage de l'électricité aura dépollué les rues. Les stations-service seront devenues des minifriches industrielles urbaines[1]. Si je vis 300 ans, je pourrai peut-être ralentir le rythme de ma vie, mieux étaler les voyages, l'écriture des livres, les rendez-vous... Disposant de plus de temps, je pourrai définitivement supprimer les déjeuners d'affaires et les dîners en ville car j'apprécie de déjeuner seul et de dîner en famille. Ce monde assez merveilleux, quasiment personne ne le devine pour l'heure. Au mieux certains d'entre nous en perçoivent des prémices. La vague de destruction créatrice qui s'élève est peut-être

1. D'ailleurs, d'où vient cette mode horrible qui consiste à transformer des stations-service en boulangeries ou en restaurants ? Les vieilles stations-service, il faut les laisser au *street art* ou les détruire complètement.

même plus haute et plus violente que celle qui a fini par s'abattre à la Renaissance. Le vent de la mondialisation souffle beaucoup plus fort aujourd'hui.

La mondialisation fait avancer le monde, mais elle le secoue dans tous les sens. Elle participe à la croissance par des cheminements multiples et avec des conséquences collatérales parfois pénibles, qui nourrissent le sentiment nationaliste. Mais la mondialisation apporte l'essentiel. Comme au siècle de Périclès, l'ouverture au commerce permet aux pays de déployer leur économie et de profiter de l'agrandissement du monde. Voilà la règle, le reste n'est qu'exception, sachant qu'une exception ne mérite ni disqualification ni mépris. En revanche, n'attendez rien d'autre du protectionnisme qu'un nivellement des situations individuelles par le bas. Il en a toujours été comme cela.

Selon la théorie économique, l'innovation constitue le principal facteur de croissance en détruisant l'ancienne économie et en déstructurant le corps social. Souvenez-vous de l'impact du port du Pirée sur la vie dans les communautés près d'Athènes et la réaction de rejet de Platon. La théorie enseigne aussi que le commerce international stimule la croissance de diverses façons. Cette idée est aussi vieille que l'analyse économique classique. Elle date des analyses d'Adam Smith dès la fin du XVIIIe siècle[1]. Au cœur de l'analyse d'Adam Smith se trouve la notion de division du travail. Pour

1. On les retrouve dans son opus magnum, *La Richesse des nations*, publié en 1776.

Smith, les travailleurs doivent se spécialiser dans des tâches bien déterminées, pour trois raisons. Première raison : à force de répéter un même geste, on devient plus efficace. Deuxième raison : en se spécialisant dans une activité, on évite de perdre du temps en passant d'un ouvrage à un autre. Troisième raison : grâce à la répétition, on perçoit mieux les manières d'améliorer son travail. Chez Smith, la grisaille de la répétition des gestes mène au soleil de la productivité et à l'augmentation des salaires. Et, si les salaires augmentent, la demande peut toujours absorber les nouveaux produits mis sur le marché. L'économie s'autoéquilibre ainsi. Ce qui est vrai pour un individu l'est pour une entreprise. Celles qui se spécialisent dans un métier deviennent plus efficaces, connaissent mieux leurs marchés, les clients, les fournisseurs, le cadre juridique... Cette efficacité leur permet de dégager des économies d'échelle, c'est-à-dire de diminuer les coûts au fur et à mesure qu'elles produisent. C'est cette idée, ancienne, qui amène les entreprises à se concentrer sur leur cœur de métier.

Prenons du champ. Si la spécialisation est utile à l'individu et à l'entreprise, l'est-elle pour la nation ? Assurément, répond l'économiste anglais David Ricardo, au XIXe siècle. D'ailleurs, les pays ont tendance à se spécialiser dans un type de production : l'agriculture pour les uns, l'industrie pour les autres, et dans l'industrie le vin ou les draps, les voitures ou les avions... Cette analyse, connue sous le nom d'« avantages comparatifs », ne constitue rien d'autre que l'extension à l'échelle d'un pays d'un raisonnement au niveau individuel[1]. Les personnes, institutions, pays ont, en théorie, intérêt à se concentrer sur leurs points forts au lieu de s'épuiser à travailler leurs points faibles. Et plus nombreux sont les pays qui échangent, plus forts sont les avantages liés à la spécialisation. À la limite, si tous les pays du monde peuvent commercer librement les uns avec les autres, c'est une gigantesque optimisation des savoirs et des talents qui s'opère au niveau mondial. Avec un peu d'audace conceptuelle, on évoquerait une fin de l'Histoire, « économique » cette fois-ci[2].

Mais le monde merveilleux de la théorie des avantages comparatifs perd de son charme quand on passe de l'abstraction à la réalité. Les avantages comparatifs évoluent avec le temps. Rester prospère requiert de changer de spécialisation : passer de l'automobile à l'aéronautique, puis de l'aéronautique aux services... Ce qui a une conséquence pratique bien visible : en permanence, des entreprises se créent, grandissent et d'autres se recroquevillent jusqu'à disparaître. L'économie est vivante : elle fait sans cesse sa mue, faisant des gagnants et des perdants. Les seconds

1. Le terme « comparatif » s'oppose à celui d'« absolu ». Il signifie que la spécialisation est avantageuse même pour une personne qui surpasserait les autres dans tous les domaines. Un footballeur de 1re division qui serait très performant dans la tonte de sa pelouse aurait quand même intérêt à consacrer son temps à s'entraîner et à faire tondre son jardin par un professionnel, même moins rapide que lui.

2. Je fais évidemment allusion à l'ouvrage *La Fin de l'Histoire et le Dernier Homme*, de Francis Fukuyama, publié en 1992.

manifestent leur mécontentement quand les autres, souvent, ne s'expriment pas.

Ces arguments débouchent sur deux conclusions éloignées de la conception qu'a l'opinion publique de la mondialisation, considérée comme le renard dans le poulailler. D'abord, l'analyse ricardienne suggère que ce sont les petits pays qui profitent le plus de la mondialisation. En effet, une entreprise d'un grand pays peut toujours amortir sa production sur un grand marché intérieur. Pas une entreprise d'un petit pays. C'est donc elle qui bénéficiera le plus d'une ouverture internationale des marchés. Ensuite, l'échange des connaissances comme complément logique de l'échange des marchandises suggère que ce sont les pays les moins avancés qui profitent le plus de la mondialisation car la connaissance voyage des pays riches vers les pays pauvres, plus que l'inverse[1]. On peut renverser ces conclusions : le protectionnisme serait plus dramatique pour les pays les moins avancés que pour les autres. C'est pour cette raison que les opposants les plus bruyants à la mondialisation sont américains ou européens, pas africains. Le protectionnisme est la politique des puissants.

Il y a plus. Fusionnez Ricardo et Schumpeter, et vous obtiendrez le théorème suivant : l'ouverture au commerce international, en augmentant la compétition,

---

1. Les preuves empiriques peuvent être trouvées dans le remarquable *Handbook of Economic Growth*, de Philippe Aghion et Steven Durlauf, publié en 2005 chez Elsevier North-Holland.

oblige les entreprises à innover. La mondialisation souffle sur les braises de l'innovation. Les sociétés les moins productives disparaissent, et les plus ingénieuses amortissent leurs innovations sur un marché mondial. Une longue fréquentation des entreprises du secteur privé m'a convaincu qu'elles changent sous l'effet d'un stimulus extérieur. Celles qui opèrent sur des marchés en croissance paisible ou, plus encore, celles qui bénéficient d'une réglementation qui les protège en leur conférant une rente s'enlisent. Une grande partie de leurs ressources est utilisée pour financer un lobbying intense destiné à convaincre les pouvoirs administratifs et politiques que les privilèges dont elles bénéficient sont nécessaires pour protéger l'emploi et les consommateurs. À l'inverse, la compétition nationale et *a fortiori* mondiale oblige à se différencier sans cesse, soit en proposant de nouveaux produits, soit en diminuant les coûts et les prix. Dans les deux cas, le progrès technique joue un rôle : pour concevoir des nouveautés ou pour automatiser la production. Si la science rend l'innovation possible, la mondialisation la rend obligatoire.

Or le vent de la mondialisation souffle fort. Après la crise de 2007-2008, certains avaient prédit (ou souhaité) un mouvement vers la démondialisation. La crise, pensaient-ils, allait aboutir à une remise en cause du « dogme du libre-échange ». C'est peu de dire qu'ils se sont trompés. Non seulement le libre-échange n'a pas été remis en cause, mais de grands pays comme Cuba ou surtout l'Iran sont bien heureux de pouvoir s'inscrire dans ce sillage de la mondialisation qui va attiser leur croissance mais aussi transformer leur économie. Les gouvernements cubain et iranien savent que la mondialisation secouera leur corps social et leurs régimes politiques. Mais ils ont tout fait pour que les Américains et les Européens lèvent les sanctions qui les isolaient de l'économie mondiale afin d'engager leur économie sur la route cahotique du progrès. Quoi qu'on puisse penser des gouvernements iranien ou cubain, ils ont fait preuve d'audace bien placée. L'Organisation mondiale du commerce qui, autrefois, organisait le libre-échange, a perdu de son lustre. Les accords commerciaux sont désormais négociés directement entre « blocs commerciaux ». Ainsi, l'Union européenne négocie directement avec l'Aléna (Amérique du Nord) ou le Mercosur (Amérique du Sud). La négociation sur le traité transatlantique entre l'Union européenne et l'Amérique du Nord est, c'est vrai, remise en cause par l'extrême gauche et l'extrême droite européennes mais aussi par des parlementaires modérés qui contestent des aspects techniques comme le mode de règlement des différends commerciaux. Mais imaginons, au pire, que ce traité ne soit pas signé. L'approfondissement de la mondialisation serait stoppé, mais au profit du *statu quo* commercial, pas d'une « démondialisation ». Et n'oublions pas que 50 % de l'économie mondiale est désormais constituée des pays émergents qui restent intégralement libre-échangistes. Je peux en témoigner puisque les responsables économiques de l'ambassade du Brésil en France viennent régulièrement me rendre visite dans mon bureau du Sentier à Paris pour me demander d'alerter le gouvernement français sur la nécessité de renforcer le commerce entre l'Europe et l'Amérique du Sud.

La démondialisation est un fantasme de bourgeois. Pour l'heure, le souffle de la mondialisation contribue à élever la vague des NBIC. Pour la première fois dans l'Histoire de l'humanité, un tsunami de destruction créatrice est mondial. Les précédentes mutations étaient circonscrites dans des espaces géographiques relativement bien délimités ; Italie du Nord, Flandres, Angleterre et colonies américaines. Aujourd'hui, il est plus simple de faire la liste des pays qui sont exclus de la grande mutation plutôt que de compter ceux qui y participent. C'est ce vent de la mondialisation qui donne à cette mutation son caractère plus violent et plus rapide. Le couple mondialisation-innovation s'autoentretient pour accélérer l'entrée dans le nouveau monde mais, avant cela, pour rendre la transition qui y mène plus fascinante et plus angoissante que jamais.

La fin de la croissance ? Mais non !

Dans notre monde submergé par les passions tristes, le scepticisme ironique est devenu un réflexe, y compris chez les experts. De nombreux économistes estiment que les NBIC sont un gadget sans impact macroéconomique. Nous nous agiterions autour d'un feu de paille, et cet ouvrage serait sans intérêt. Il est vrai que, comme Internet il y a une vingtaine d'années, on ne voit pas les effets tangibles des NBIC, de la robotique ou de l'imprimante 3D dans les chiffres de la productivité. Les chiffres récents de la productivité dans les pays développés sont désespérants, surtout après la récession de 2008. L'un des exemples les plus emblématiques est celui du Royaume-Uni, mais les États-Unis déçoivent aussi, comme le note Robert Gordon. Or les gains de productivité constituent le principal facteur de croissance économique à long terme. Sans eux, c'est bien la « longue stagnation » qui nous attend, dette publique persistante et chômage de masse à la clé.

Pour les économistes « optimistes », ces NBIC vont entraîner une explosion de la productivité qui va se traduire par le passage à un régime de croissance plus élevé. Nos instruments de mesure de la productivité ne sont plus tous à jour, notamment parce qu'ils sont orientés vers la quantité produite et moins vers la qualité de ce qui est produit. Nos statistiques ont des difficultés à appréhender le fait qu'une voiture sans chauffeur incorpore davantage de valeur ajoutée qu'une voiture à essence classique. Nos systèmes de comptabilité nationale ont été pensés aux alentours de la Seconde Guerre mondiale, pas à l'époque des NBIC et du transhumanisme. Le théorème du lampadaire est bien connu. J'ignore son origine mais peu importe, elle ne m'intéresse pas. Je vous raconte l'Histoire. Un homme, dans une rue, cherche ses clés au pied d'un lampadaire. Un passant s'approche pour l'aider. « Êtes-vous certain d'avoir perdu vos clés ici ? — Pas du tout, mais cet endroit est le seul qui soit éclairé. » De nombreux économistes recherchent les gains de productivité dans les secteurs définis par les nomenclatures statistiques du XXe siècle, d'où leur erreur commune avec le gars du lampadaire. Si les chiffres de productivité, en ces années 2015-2016, sont décevants, c'est aussi que le profil de diffusion de l'innovation est exponentiel, c'est-à-dire qu'il accélère progressivement. Or, au début de l'exponentiel, là où nous nous trouvons aujourd'hui, la vitesse de diffusion est encore lente, comme l'automobile au début du XXe siècle. Certains dénient la possibilité du papillon parce qu'ils ne savent pas reconnaître une chenille.

Cela dit, une connaissance approfondie de la littérature économique récente et du monde réel montre que les stagnationnistes commettent une erreur qui ne relève pas seulement de la statistique. L'économiste israélo-américain Elhanan Helpman a montré dès la fin des années 1990 que l'apparition d'une innovation pouvait non seulement ne pas générer d'augmentation de la productivité à court terme, mais même déclencher une récession pendant quelques années[1]. Prenons l'exemple des robots chirurgicaux qui illustrent parfaitement ce paradoxe apparent. Ces machines sont des merveilles technologiques qui permettent *a priori* de réaliser des gains de productivité extraordinaires : augmentation de la qualité des interventions chirurgicales,

1. *General Purpose Technologies and Economic Growth*, MIT Press, 1998.

diminution des complications postopératoires, accroissement de l'ambulatoire... Et pourtant, quasiment tous les directeurs d'établissements qui en ont acheté et avec qui j'ai pu en parler récemment me tiennent le même discours : « Nous pensions que cet investissement [plus de 1 million d'euros tout de même] serait rentabilisé assez rapidement et nous sommes déçus, le coût des opérations est renchéri. » L'explication se trouve dans les modèles de Helpman, et elle est double. D'une part, la mise au point ultime d'une innovation prend du temps et se nourrit des premières expériences d'utilisations. L'innovation reste inaboutie pendant un moment, et il faut consacrer encore beaucoup de ressources intellectuelles et financières pour produire les outils qui lui permettront d'être pleinement utilisée. Le résultat, c'est que la productivité des institutions (par exemple des hôpitaux) qui utilisent ces innovations récentes va, dans une première phase, reculer. Imaginez un robot chirurgical comme la brique d'une maison. Pour que la maison soit complète, cette brique doit être solide, assemblable et assemblée aux autres. Cela prend du temps.

D'autre part, l'apparition d'une innovation radicale comme un robot chirurgical démode brutalement les anciennes technologies. L'obsolescence du capital physique comme humain s'accélère car les anciennes machines et une partie du savoir accumulé par les salariés (y compris les chirurgiens) ne valent plus grand-chose. Mais le remplacement des anciennes technologies par les nouvelles est un processus long et coûteux. Il faut réunir des financements, changer les machines, former les salariés... En attendant que les nouvelles technologies soient parfaitement utilisables, la productivité et la croissance s'effondrent. Ce processus est transitoire, mais cette transition pénible peut être longue et on ne peut la tolérer que si l'on est persuadé qu'elle mène à une amélioration de la condition humaine – on reconnaît l'idée de la destruction créatrice.

Ou accélérer la transition. Et c'est là que nous retombons sur la grande problématique de l'innovation et de la croissance, dans nos vieux pays endormis, ces prochaines années. Le progrès technologique est une promesse majeure de productivité et de croissance mais qui nécessite d'investir, de former, de réorganiser. Concilier la rigueur d'un côté avec la flexibilité et la nouveauté : voilà qui nous invite à une difficile dialectique. Mais celui qui sait surmonter la dialectique fait des miracles.

La fin du travail ? Mais non !

En sus du scepticisme ironique, je me heurte à une deuxième difficulté : si le tsunami NBIC est avéré, il est forcément un monstre qui conduira, non pas au progrès de l'humanité, mais à la régression. À chaque grande mutation économique resurgissent les grandes peurs malthusiennes sur la fin du travail : est-ce que le commerce mondial issu des grandes découvertes, la machine issue de la technologie de la vapeur ou l'intelligence artificielle vont détruire l'emploi ? Ces craintes classiques au regard de l'Histoire économique ont toujours été démenties par les faits, les mécanismes schumpétériens traditionnels ayant chaque fois fonctionné. Certes, l'imprimerie a tué l'activité des copieurs, relieurs et enlumineurs, mais elle a fait émerger des emplois chez les libraires, les fabricants de papier et d'encres ou les fondeurs de caractères mobiles. Les pessimistes à l'air grave et sérieux m'assurent que, cette fois, « ça ne marchera pas comme ça », sans être capables d'argumenter leur assertion définitive. Alors je vais les aider.

Avec l'intelligence artificielle, la peur malthusienne prend un tour particulier. En effet, et c'est bien là que se love la blessure narcissique freudienne, l'intelligence artificielle nous concurrence sur notre terrain de jeux en tant qu'êtres humains. Elle nous retire le monopole de l'analyse des situations, du raisonnement et de la prise de décision. Elle devient plus qu'une aide au service de notre productivité : elle peut, ô malheur, se substituer à nous.

Bon, le raisonnement qui précède n'est pas tout à fait juste. L'emploi pourrait disparaître en théorie, générant une vague géante et définitive de « chômage technologique », à une condition : que le « facteur travail » et le « facteur intelligence artificielle hybridée à un robot » soient strictement substituables, les entreprises n'ayant alors plus aucune raison de faire travailler un humain imparfait, coûteux, qui tombe malade et peut faire la grève. Mais nous en sommes très loin car il faudrait pour cela percer dans sa totalité le mystère du cerveau. Le libre arbitre mais aussi l'empathie ou l'humour restent des singularités humaines, et seuls les matérialistes radicaux estiment que ces caractéristiques sont modélisables et reproductibles dans une machine. Il ne faut donc pas se tromper de débat. Ce à quoi l'intelligence artificielle nous expose n'est pas la fin du travail mais, ce qui est un défi déjà colossal, la plus grande mutation économique que l'économie mondiale ait jamais subie, ce qui nécessite de flexibiliser au maximum notre marché du travail et de faire considérablement monter en niveau nos systèmes de formations initiale et continue. Ce sont ces deux politiques économiques qui, dans la plupart des pays développés, devraient nous occuper jour et nuit. Nous perdons notre temps à intellectualiser sans fin en dissertant sur la fin du travail et nous ne préparons pas cette immense mutation de l'activité économique. Quand je vois qu'en France nous sommes incapables de nous mettre d'accord sur une loi (dite « loi El Khomri ») qui apporte un peu de flexibilité aux entreprises, je me dis que nous ne sommes collectivement pas à la hauteur de l'Histoire. Notre horizon instrumental doit être la flex-sécurité, ou mieux : la flex-employabilité, car la sécurité absolue n'existe pas. En revanche, un système de formation bien conçu peut améliorer l'employabilité des individus. Et, bien souvent, évoquer l'individu constitue aussi une révolution politique. Dans un pays comme la France par exemple, le système de formation continue se complaît dans sa complexité et a perdu de vue son essence : aider l'individu. Retrouver cette essence, cibler nos politiques sur l'aide aux personnes et non pas aux institutions serait, en France, révolutionnaire.

Tant que des besoins ne seront pas satisfaits par des intelligences artificielles hybridées à des robots, l'homme aura un travail. Ce qui ne signifie pas qu'il aura un emploi, et c'est une excellente nouvelle. Les technologies NBIC permettent à des entreprises de petite taille et même à des individus seuls de travailler avec l'efficacité des vastes organisations des Trente Glorieuses. J'en sais quelque chose, moi qui ai créé il y a une dizaine d'années une entreprise de conseil qui n'aurait pas pu voir le jour il y a trente ans, quand le coût des statistiques et de l'information économique était prohibitif. Cette chute des coûts liée à la numérisation avantage les PME. L'uberisation ouvre l'accès à tous les secteurs de services à de jeunes entrepreneurs géniaux qui veulent changer les transports, les médias ou n'importe quoi d'autre finalement. L'imprimante 3D et la robotique vont permettre à des individus créatifs de monter une industrie chez eux. Et ce « chez eux » est à prendre au premier degré. Le domicile, après avoir été un lieu où l'on dîne, où l'on joue au Scrabble, où l'on dort et où l'on fait l'amour redevient, comme au XIXe siècle, un lieu de production. Nous entrons dans l'ère du travail « autonome », et peu importe son statut juridique. Un individu peut être salarié ou indépendant. Mais il travaille de plus en plus seul et loin de son bureau, chez lui ou ailleurs[1]. Ce fondu entre lieu de domicile (le repas, le sexe...) et lieu de travail efface la frontière entre la vie professionnelle et la vie privée. Rien de neuf sous le soleil. Ce sont les usines du XIXe siècle qui ont érigé des barrières et éloigné les individus de leurs lieux de vie. Le XXIe siècle recolle les morceaux, pas toujours pour le pire. Nos temps de transport vont enfin diminuer. Nous pouvons espérer échapper aux réunions parfois débilitantes que nous imposent les grandes entreprises[2]. J'aime bien cette idée d'Alvin Toffler : « L'une des choses les plus improductives de notre époque est de déplacer chaque matin des millions de personnes vers des zones de travail puis chaque soir vers leur domicile[3]. » Le travail autonome se glisse dans nos lits mais évite la mobilité et la pollution inutiles.

Le travail reste abondant. L'emploi au sens étymologique et terrifiant d'être « employé », moins. Marx se réjouirait de cette déréification, de cette réhumanisation. Le travail pour l'émancipation, et non plus seulement pour la survie[4].

1. Ce livre a été, comme les autres, écrit par bribes partout : avion, bus, jardins publics, commissariat, brasserie bruyante, chambres d'hôtel, appartements loués *via* Airbnb...

2. Sur ce sujet, j'ai beaucoup apprécié l'opuscule de Bruno Marzloff *Sans bureau fixe. Transitions du travail, transitions des mobilités*, Fyp Éditions, 2013.

3. Alvin Toffler, *Le Choc du futur*, Gallimard, 1987.

4. Cynthia Fleury oppose souvent ces deux caractéristiques du travail, mais avec un angle de vue moins libéral que le mien.

L'apocalypse climatique ? Peut-être pas !

Nos pleurnicheurs voient des problèmes de tous côtés : l'épuisement de la croissance, la fin du travail, la méchanceté des Chinois et des Américains, l'espérance de vie qui pourrait baisser... Et surtout la grande peur qui nous unit : l'embrasement du climat. Attention : point de climato-scepticisme dans ces pages. Je ne suis pas climatologue, mais je sais lire une courbe et je fais confiance au consensus scientifique. Je fais mienne l'idée selon laquelle nous vivons une période de réchauffement climatique aux conséquences déjà catastrophiques, et je comprends que l'homme est responsable de ces graves difficultés. C'est dit sans aucune ambiguïté et, ce que j'écris, je le vis. Je n'ai jamais croisé aucun ménestrel de la décroissance qui ait adopté un mode de vie plus écologique que le mien, et dans une grande métropole : élevage de poules, coq qui réveille les voisins au lever du soleil, compostage des déchets, courses à trottinette... Je mérite amplement un diplôme de bobo-attitude. Et bien entendu je roule dans une voiture électrique bourrée de technologie pensée par des ingénieurs géniaux. L'inverse de la décroissance.

L'opinion publique mondiale néglige encore l'étendue du problème écologique, même si la COP21 de 2015 à Paris a accentué la prise de conscience. Mais la plupart des écologistes sous-estiment aussi la capacité des mêmes hommes à le résoudre. Et ils méconnaissent la grande règle historique de l'innovation : nécessité fait loi ! L'humanité a toujours réussi, grâce à sa créativité, à résoudre les problèmes qui se posaient à elle. Elle s'est toujours extirpée des guerres, des famines, des crises environnementales, des impasses politiques, mais souvent au prix d'atroces drames. Que de temps et de vies perdus ! Aujourd'hui, la technologie, guidée par des incitations publiques adroites, nous donne les possibilités de lutter contre la fièvre climatique. La technologie (issue de la science), l'économie et le développement durable sont les meilleurs alliés du monde, ce que rappelle l'étymologie. « Économie » vient du grec *oikos* (le foyer) et *nomos* (la loi). Selon Aristote, le premier grand économiste, il s'agit de rechercher les moyens qui permettent de gérer ses affaires personnelles. Le terme « écologie » émane de *oikos* et de *logos* (la science). *Oikos*, *logos*, *nomos*, trois racines à l'origine d'une fratrie : économie et écologie sont les sciences de la gestion des ressources rares, l'une étant devenue historiquement appliquée aux questions monétaires (mais pas seulement), l'autre aux ressources naturelles. Dans les deux cas, il s'agit toujours de faire plus avec moins, ce que les économistes appellent « la productivité ».

En dépit de cette évidence sémantique, on entend parfois dire que le capitalisme et l'écologie seraient incompatibles, le capitalisme menant nécessairement au gaspillage des ressources fossiles. Oui, ces gaspillages existent et ils se sont même considérablement développés depuis l'après-guerre. Mais ces Trente Glorieuses qui ne l'ont pas été pour l'environnement constituent une parenthèse qu'il convient de refermer. Car si l'on adopte un recul à très long terme, on voit que les différentes industries ont toujours eu la volonté de réduire leurs coûts en minimisant l'impact négatif de leurs déchets et si possible en les revendant. Les cathédrales gothiques qui ont fleuri dans le nord de la France à partir de la seconde moitié du XIIe siècle ont été bâties avec de la pierre et beaucoup de fer pour renforcer les structures. Ce sont les tirants qui empêchent que la poussée des voûtes n'entraîne un écartement des murs et les chaînages qui retiennent les pierres entre elles. Les vitraux sont fixés à la structure en pierre par plusieurs éléments métalliques qui consomment la moitié du fer total utilisé pour chaque édification. Plusieurs dizaines de tonnes de fer sont nécessaires à la construction d'une seule cathédrale, plusieurs centaines pour le palais des Papes d'Avignon. Les constructeurs n'ont d'autre choix que de réutiliser le fer des bâtiments détruits. Se met en place l'une des premières filières d'économie circulaire. La recherche de la circularité ne fera que s'accentuer à partir de la généralisation de la comptabilité en partie double au moment de la Renaissance italienne. Comme l'a montré Max Weber, le capitalisme est un mode d'organisation rationnel qui cherche à vendre une production en économisant des coûts. Dans son essence, le capitalisme moderne est circulaire puisque cette circularité participe à la rationalisation de l'organisation. Le mode de production des Trente Glorieuses constitue bien une exception.

Comment expliquer alors que nos économies gaspillent depuis des décennies autant de ressources ? Comment expliquer que les humains utilisent plus que la Terre n'est capable de délivrer, diminuant continûment le « stock » de ressources naturelles ? Comment expliquer ce que souligne avec opiniâtreté le GIEC ? Le réchauffement climatique est lié pour l'essentiel aux émissions de CO_2, elles-mêmes dues aux activités productives humaines, en particulier dans l'énergie, le bâtiment et l'industrie. La réponse nous est donnée par l'économiste britannique Arthur Pigou dans les années 1940 : certains biens comme l'air ou l'eau n'appartiennent à personne et peuvent être utilisés gratuitement par tout le monde à partir du moment où les techniques d'extraction sont peu coûteuses. Ainsi, certaines entreprises ou certains consommateurs surconsomment ces ressources ou les polluent sans en payer le juste prix. Ces « externalités négatives » peuvent être corrigées par la fiscalité (ce pour quoi on parle de « taxe Pigou »). C'est le principe du « pollueur-payeur » qui consiste à appliquer une fiscalité « environnementale » plus lourde à ceux qui utilisent le plus de ressources sans en acquitter leur juste prix. Problème : cette « internalisation » des externalités environnementales se heurte au rejet de la fiscalité par les opinions publiques, particulièrement en France où les politiques fiscales de ces dix dernières années ont été brutales et inefficaces, ce qui a généré un rejet généralisé de l'utilisation de la taxation. Le bébé a été jeté avec l'eau du bain, et l'instauration d'une fiscalité environnementale est devenue politiquement impossible. Une solution alternative et tout aussi excellente consiste à créer un marché du CO_2 pour faire payer le prix de la pollution. C'est ce pour quoi plaide le prix Nobel d'économie Jean Tirole. Un tel marché existe en Europe mais fonctionne mal, les prix étant bien trop bas. Revenir à l'état normal de l'économie circulaire passe par la fixation d'un prix du CO_2 au niveau mondial sur un marché profond et transparent. C'est un sujet de gouvernance mondiale ambitieux et passionnant. Respecter l'objectif d'élévation maximale des températures de 2 degrés à l'horizon de la fin du siècle ne passe pas par la décroissance ou une production de moins bonne qualité mais par un changement des méthodes de production. Il s'agit tout à la fois d'augmenter la productivité de nos économies et d'accroître la valeur ajoutée de nos fabrications pour les rendre plus durables. Il ne s'agit pas de tourner le dos à la croissance sur un mode malthusien moralisateur et punitif mais de s'extirper d'un mode de production particulier qui a été celui des Trente Glorieuses, période où quasiment personne ne se souciait de la rareté des ressources fossiles ni du dérèglement climatique.

Placer les politiques publiques et l'ordre technico-économique au service du développement durable exige de nous débarrasser des lubies de la décroissance, impasse pratique (qui l'accepterait ?) et anthropologique puisque *Homo Sapiens* œuvre toujours pour améliorer sa condition matérielle. *Homo Sapiens* ne veut pas nécessairement produire et consommer plus mais, à tout le moins, produire et consommer mieux. Il faut accepter l'idée que c'est l'innovation pour produire mieux, l'innovation pour consommer moins d'énergie, mais l'innovation de toute façon qui nous aidera à résoudre nos problèmes écologiques. L'humanité doit accepter, dans la lignée de Pic de la Mirandole, de Rousseau et de Sartre, sa place à part dans la nature. Son existence précède son essence car l'homme dispose d'une grande liberté vis-à-vis de son instinct, ce qui n'est sans aucun doute pas le cas du coq qui viole mes poules plusieurs fois par jour. N'importe lequel de ses congénères procéderait de la même manière cavalière, aujourd'hui après hier et avant demain. Les notions d'éducation, d'histoire et de progrès n'existent que pour les civilisations humaines. Non à la souffrance animale inutile ! Les images qui sortent de certains de nos abattoirs sont insupportables, elles traduisent des comportements humains absolument innommables. Descartes a tort : les animaux ne sont pas des machines. Mais les tenants de la *deep ecology* se fourvoient : ils ne sont pas l'équivalent moral des êtres humains. On peut être prêt à mourir pour sa femme et ses enfants, pas pour son chat. Les animaux sont mes frères inférieurs, écrit Michelet. En deux mots, tout est dit. J'aime la nature, je lutterai de toutes mes forces pour le bien-être animal, mais je ne suis pas un animal.

L'innovation qui guérit.
L'innovation qui décongestionne les villes.
L'innovation qui permet aux jeunes de se déplacer.

L'innovation qui dépollue.
L'innovation qui diffuse la musique.
L'innovation qui fait voir aux aveugles.
L'innovation qui ralentit le vieillissement.

Elle détruit des emplois mais elle peut en créer beaucoup plus, si nos économies s'adaptent.

Elle détruit des rentes mais il n'a jamais été plus facile d'être entrepreneur.

Elle a abîmé l'environnement mais, avec elle, nous allons le réparer. C'est le temps du triomphe de l'écologie de la croissance.

Le VRAI problème n'est pas là. Le vrai problème réside dans le risque de conflit. Dans le nationalisme. Dans l'extrémisme. Dans le terrorisme.

Tout ira donc bien mais tout ne va pas encore bien. La destruction créatrice va réparer, mais pour l'heure elle déchire le monde. Elle s'abat sur lui et lui confère son unité. Pendant l'hiver 2016 où j'enchaînais les voyages, je me laissais griser par l'exotisme de la presse étrangère qui évoquait le sort des Inuits emprisonnés ici, la possible interdiction de la chasse au renard là. Mais partout, à Genève, Montréal, Manchester, Casablanca, la presse titrait sur le conflit entre Uber et les taxis. Dans quelques années, peut-être les chirurgiens casseront-ils les robots qui veulent les remplacer et les moniteurs d'auto-écoles briseront-ils les pare-brise des voitures sans chauffeur. Voilà qui est tragique car nous voulons la fin des accidents routiers, la vie plus longue et en meilleure santé ! Le conflit des taxis illustre en modèle réduit la promesse et le danger de notre époque, un danger bien plus pressant quand souffle le vent de l'innovation que lors des mers calmes. La promesse est celle d'une économie plus moderne et plus dynamique. Le danger est celui d'un conflit qui irait de violences en violences jusqu'à faire plonger nos sociétés dans les affres du nationalisme, de l'extrémisme ou du fondamentalisme. Dans ce moment critique, nous devons être attentifs au fil qui relie le passé à l'avenir. Non, les modernes ne doivent pas tout détruire. Car si tout s'écroule, nous allons mourir !

Nous disposons des technologies pour résoudre les grands problèmes sanitaires, sociaux, environnementaux qui se dressent devant l'humanité. L'innovation sauvera-t-elle le monde une fois de plus ? Le problème est moins économique que philosophique.

4

Société ouverte contre révolution conservatrice

La loi physique de la modération a été formulée par le chimiste français Henry Le Chatelier en 1884. Elle s'énonce généralement comme suit : lorsque les modifications extérieures apportées à un système physico-chimique en équilibre provoquent une évolution vers un nouvel état d'équilibre, l'évolution s'oppose aux perturbations qui l'ont engendrée et en modère l'effet. Le philosophe évoquerait un « renversement dialectique ». Adaptée à la réalité sociale, la loi Le Chatelier se reformule ainsi : une mutation schumpétérienne provoque une modification des équilibres de la société qui entraîne un déclenchement de forces qui vont à l'encontre de l'innovation. Cela s'appelle une « réaction », et elle est engendrée par des forces « réactionnaires » qui, aujourd'hui, constituent le dénominateur commun entre l'extrême droite, l'extrême gauche et le fondamentalisme religieux. Ce mouvement de balancier donne aux populations concernées l'impression que tous les changements sont simultanés. Comme me le faisait remarquer mon voisin dans un avion où les sièges étaient si rapprochés que je ne pouvais même pas ouvrir mon ordinateur sur la tablette : « Quelle époque terrible ! Toutes les catastrophes nous tombent dessus en même temps : Uber, l'incompétence de Hollande, Trump, le terrorisme... » Ce n'est pas de la malchance, lui répondis-je, car tout est lié.

Ce retour de balancier est un classique de l'Histoire de l'humanité, et il convient de s'en méfier par-dessus tout, tant il peut frapper fort les sociétés ouvertes et leur infliger des blessures longues à cicatriser. Ce danger, contrairement au mythe du dépérissement de la croissance ou de la fin du travail, est bien réel. Il est en outre plus difficile à écarter que le réchauffement climatique pour lequel on cerne les politiques publiques qui peuvent le combattre. Le vrai danger du monde, c'est le retour du tragique dans nos vies, la tragédie qui déchire et qui oppose le concepteur de la Google Car au moniteur d'auto-école[1], la tragédie qui pousse subrepticement une partie de nos populations vers les formes arriérées de pensée politique. À ne pas nous adresser aux perdants de la destruction créatrice, nous risquons de voir sombrer notre civilisation dans le nationalisme, l'extrémisme ou le fondamentalisme, doctrines primaires mais qui présentent un immense avantage stratégique sur le discours philosophique rationaliste : elles parlent à l'instinct.

---

1. Nos deux individus n'incarnent pas, l'un le bien, l'autre le mal. Leur opposition est tragique en ce sens qu'elle met face à face deux légitimités antinomiques qu'il convient de comprendre et de respecter. C'est ce que montre Luc Ferry dans *La Révolution transhumaniste* (*op. cit.*).

Le réveil de la bête nationaliste

Deux dangers principaux menacent nos sociétés ouvertes : le nationalisme, essentiellement incarné par l'extrême droite mais aussi par une partie de l'extrême gauche, et le fondamentalisme islamiste. À l'inverse, notre discours à nous, les modérés, libéraux, progressistes et mondialistes est de moins en moins audible, écrasé par la brutalité crasse des discours faciles et belliqueux. Je vis dans un pays où l'extrême droite arrive, dans la plupart des élections, en tête des scrutins au premier tour. Le Front national s'est, suivant l'expression à la mode, « dédiabolisé » pour deux raisons dont les effets sont pernicieux. Premièrement, sa présidente Marine Le Pen a veillé à ce qu'aucun dirigeant de son parti n'imite les vieilles provocations de son père, insupportables allusions ou traits d'humour sur la Seconde Guerre mondiale. Deuxièmement, les médias français considèrent que la popularité du Front national rend par principe ce parti respectable, ce qui, du point de vue logique, est contestable. Une majorité n'a pas raison parce qu'elle est la majorité, et le nationalisme n'est pas une doctrine comme les autres. Je ne saurais pas mieux faire, sur ce sujet, que de citer les flèches de Mario Vargas Llosa, très pointues, mais c'est nécessaire quand l'ennemi est aussi dangereux.

> Le nationalisme est un produit intellectuel inférieur, aux idées rudimentaires, qui ne se propose pas de fonder

rationnellement une vérité mais de revêtir de l'apparence d'une doctrine ce qui n'est rien d'autre qu'une passion, un instinct et un acte de foi.

Le nationalisme est la culture de l'inculte, la religion de l'esprit de clocher et un rideau de fumée derrière lequel nichent le préjugé, la violence et souvent le racisme.

Le nationalisme est une forme d'inculture qui imprègne toutes les cultures et coexiste dans toutes les idéologies, un recours versatile au service des politiciens de tout poil[1].

Peut-être le mondialisme est-il un leurre, en tout cas à brève échéance. Mais écoutez Nietzsche dans *Aurore* : « Une puissante douceur comme celle d'un père : – où ce sentiment s'emparera de toi, c'est là qu'il faudra édifier ta demeure – que ce soit dans la foule grouillante ou dans le silence. *Ubi pater sum, ibi patria.* » Si nous devons être d'une nation, soyons du pays où nous donnons la vie et non de celui où nous la recevons.

Très peu d'électeurs de l'extrême droite sont racistes ou antisémites. Ces électeurs votent par peur ou par colère, sans voir que le nationalisme est un cheval fou impossible à contrôler quand il est lâché. Le succès des partis nationalistes tient au catastrophisme ambiant, à

1. Ces trois citations sont extraites du recueil d'articles *Les Enjeux de la liberté*, publié en 1997 chez Gallimard, mais le combat contre le nationalisme traverse toute l'œuvre de Mario Vargas Llosa, y compris les fictions.

la peur de l'avenir et à l'incapacité des intellectuels et des hommes politiques modérés de bâtir un discours convaincant. La montée du nationalisme est un problème dans l'ensemble des pays développés, ce qui montre que ce n'est pas seulement le chômage, la corruption ou le manque de renouvellement de la classe politique qui font le terreau de l'extrême droite, sinon comment expliquer son attrait en Autriche, en Suisse ou au Danemark ? Ces problèmes contribuent à la montée des nationalismes mais n'en constituent pas la cause ultime, qui est à rechercher dans un facteur commun à quasiment tous les pays développés dans le monde. Ce facteur, c'est la 5e grande mutation qui, à cet égard, reproduit des schémas politiques observés dans les grandes phases de destruction créatrice précédentes. Les périodes de mutations économiques et sociales suscitent la recherche de protections qui figent l'existant ou retrouvent un prétendu paradis perdu. D'où l'attrait du nationalisme, qui protège contre la mondialisation, et du corporatisme, qui protège contre l'innovation.

Les « manipulateurs de symboles », qui sont les gagnants de la mutation à l'œuvre, sont ceux que les populistes d'extrême droite appellent les « élites mondialisées[1] ». Les perdants sont les ouvriers, les petits commerçants, certains patrons de PME des secteurs

1. Le sociologue américain Robert Reich appelle « manipulateurs de symboles » les individus capables de sélectionner les informations pertinentes, de les synthétiser, de les restituer et d'expliquer à leurs interlocuteurs en quoi et comment elles peuvent leur être utiles.

« traditionnels » (dans l'industrie surtout), les fonctionnaires, c'est-à-dire tous ceux qui doivent changer leur façon de travailler au risque d'être mis au ban de cette nouvelle économie. Et la moindre des choses qu'on puisse exiger des gagnants, quel que soit leur mérite, c'est la bienveillance envers ceux qui, tragiquement, sont fragilisés. En outre, comme l'avait démontré l'historien français Fernand Braudel, les grandes vagues d'innovation comme celle des NBIC sont historiquement simultanées à un déplacement du barycentre de « l'économie-monde », aujourd'hui de l'ouest vers l'est. En effet, la mondialisation est aussi une perte de pouvoir économique de l'Occident au profit de l'Asie émergente. Cet immense changement n'entraîne pas forcément du chômage. C'est le cas dans les pays dans lesquels le marché du travail dysfonctionne, comme la France, mais l'Autriche, l'Allemagne, Israël ou la Suisse, bien que soumis à ces mouvements comme les autres, restent, eux, au plein-emploi. En revanche, tous les pays développés sans exception sont soumis à une transformation structurelle de leur économie et même de la société tout entière, transformation nécessairement inconfortable quand on a été habitué pendant cinquante ans à la chaude couverture de l'État-providence et de l'hyperpuissance occidentale. La conséquence matérielle la plus immédiate réside dans la diminution de la taille de la classe moyenne, phénomène qui touche tous les pays développés : les individus qui savent profiter de cette période s'enrichissent considérablement, alors que ceux qui ne veulent ou ne peuvent pas s'adapter risquent le déclassement, d'où un terrible sentiment d'anxiété validé par l'augmentation des inégalités[1].

La force de l'extrême droite et, secondairement, de l'extrême gauche, c'est de proposer quelque chose à cette vaste partie de la population qui, pendant cette phase de mutation, fait les frais de ces immenses changements. Son obsession antimondialiste (dont le rejet de l'Europe n'est qu'un avatar), se traduisant par une critique systématique du libre-échange, touche un point sensible. Le programme de l'extrême droite est réactionnaire mais cohérent. Pour elle, nos maux, chômage, insécurité, pauvreté, ont essentiellement pour source la mondialisation (dont l'immigration est un composant). Et il est vrai que l'instauration d'un protectionnisme européen, voire français constituerait un réducteur d'inégalités. Mais cette politique très difficile à mettre en œuvre, car elle demanderait l'accord de vingt-sept pays, ne serait justifiable que si l'on en accepte les conséquences : un appauvrissement généralisé lié à l'augmentation du prix des produits importés (ce sont les consommateurs et les entreprises qui paient les droits de douane) et une forte contraction des débouchés qui s'offrent à nos entreprises. En effet, il est naïf de penser que le protectionnisme ne réduit que les importations. Les mesures de rétorsion adoptées par les pays tiers se traduisent aussi par une diminution des exportations. Finalement, le protectionnisme

1. J'ai développé cette analyse dans *Le Chagrin des classes moyennes* (JC Lattès, 2011).

est un nationalisme (et non un patriotisme) qui génère l'autarcie et le sous-développement. L'économie se contracte, et tout finit par se réduire : la croissance, les profits, les salaires, les investissements... On n'est pas très loin des effets de la décroissance, délétères pour le corps social. Mais, c'est vrai, le protectionnisme affaiblit les pressions concurrentielles et n'incite pas les entreprises à incorporer dans leur processus de production des nouveaux procédés technologiques. Il ralentit l'innovation et freine le processus de destruction créatrice.

Le corporatisme vise quant à lui à protéger les situations acquises menacées par la destruction créatrice. Comme le montre mon ami Gaspard Koenig en s'inspirant de Robert Paxton, le corporatisme du régime de Vichy n'est né ni d'un concours de circonstances ni d'une improvisation idéologique, mais d'un choix intellectuel et politique antiparlementaire et antilibéral dont le planisme a culminé lors du gouvernement Darlan entre 1941 et 1942. Le discours de Pétain du 15 septembre 1940 intitulé « Politique sociale de l'avenir » constitue une « magnifique » synthèse de national-corporatisme tel que les extrêmes droites l'ont ressuscité ces dernières années. Pétain s'adresse ainsi aux « jeunes gens » :

> Nous leur dirons que si la concurrence est la loi de la vie et si les intérêts des patrons et des ouvriers peuvent être parfois opposés, l'intérêt général de la profession, qui leur est commun, doit dominer l'opposition de leurs intérêts particuliers, et qu'il est lui-même englobé dans

> l'intérêt plus général encore de la production nationale. D'où une triple nécessité : nécessité d'organiser la profession sur une base corporative où tous les éléments d'une entreprise puissent se rencontrer, s'affronter ou se composer ; nécessité d'avoir, au sein de la profession organisée, un représentant de l'État chargé d'arbitrer souverainement les oppositions qui s'avéreraient autrement irréductibles ; nécessité d'avoir, en dehors et au-dessus des corporations ou communautés d'entreprises, un organisme d'État chargé d'orienter la production nationale selon les capacités du marché intérieur et les possibilités des marchés extérieurs, évitant ainsi des déperditions de forces et de richesses.

Corporatisme, protectionnisme : Pétain réinvestit les terres politiques de l'Ancien Régime provisoirement brûlées par la Révolution et la loi Le Chapelier. Il prépare le terrain pour le nationalisme du XXIe siècle. L'extrême droite propose la régression, mais la régression dans une plus grande égalité sous couvert d'illusoires protections. Dans des pays apeurés par l'avenir, ces thèses reçoivent une forte audience, surtout quand les partis modérés, libéraux ou progressistes, abandonnent le champ des idées et sont incapables de proposer une alternative. C'est bien là le plus urgent : reconstruire un discours économique schumpétérien (qui permette la croissance économique), humaniste (qui ne laisse personne sur le bord du chemin) et spirituel (qui explique pourquoi ces politiques). Mais il y a urgence car, comme dans les années 1930, les extrêmes droites européennes sont en train de gagner un leadership intellectuel, ce qui, vu la vacuité de leur pensée, doit nous faire honte.

Le nationalisme catalan

Les indépendantistes catalans ne sont pas vichystes. Mais, même si cela fera hurler, il existe une racine commune à tous les nationalismes, corporatismes, de droite ou de gauche. De cette racine commune naissent des branches qui, de temps à autre, se croisent dans un entremêlement monstrueux. Le nationalisme catalan reçoit une attention bienveillante parce qu'il est porté par des personnalités politiques civilisées comme le centriste Artur Mas, parce qu'il est autant de gauche que de droite et parce qu'il prend la figure émancipatrice de l'indépendantisme. Pourtant, la floraison des drapeaux catalans aux balcons des immeubles de Barcelone comme la multiplication des inscriptions (heureusement plus rares que les drapeaux) enjoignant les touristes à rentrer chez eux font ressortir le parfum moisi de l'indépendantisme catalan.

Reprenons une à une les raisons qui rendent l'indépendantisme catalan sympathique au reste du monde, en dehors des Espagnols et des Madrilènes en particulier. Beaucoup de leaders indépendantistes présentent un visage pacifique mais, pour reprendre l'analogie du cheval fou, ces doux cavaliers excitent une monture qui n'est pas inoffensive. J'ai acheté il y a quelques mois dans une librairie barcelonaise un ouvrage écrit par une vingtaine d'intellectuels indépendantistes[1]. Le livre est fort bien fait : les articles sont logiques et documentés. On y apprend beaucoup de choses sur l'Histoire de la région. Simplement, ce rationalisme apparent tourne au délire sans qu'il s'en rende compte, lorsqu'il assimile l'État espagnol à un régime oppressif dont la nature, depuis Franco, n'aurait pas évolué, lorsqu'il compare Madrid à la capitale d'un empire colonisateur et lorsqu'il soutient l'absence de différence entre la Catalogne et les pays de l'ex-URSS. Les pauvres Catalans seraient dans une situation proche de celle des Tchèques lors du Printemps de Prague ou des Incas au XVIe siècle. Quiconque passe du temps en Espagne ou, mieux, a eu affaire avec cet État sait qu'il s'agit de l'un des plus libéraux au monde et que Madrid est l'une des villes les plus accueillantes et tolérantes de la planète. La lecture de cet ouvrage illustre à quel point l'instinct nationaliste peut faire dériver des esprits rationnels vers la bouffonnerie la plus grotesque.

L'indépendantisme catalan capte une radicalité qui n'est ni de droite ni de gauche, et cela n'est pas nouveau. La droite n'a jamais eu le monopole de l'indépendantisme catalan, ce qui explique que des coalitions hostiles à l'Espagne mais de bric et de broc puissent se former au parlement de la région. Historiquement, cet indépendantisme a toujours réuni des catholiques de droite et des républicains de gauche. Aujourd'hui, son équilibre

1. *What's up with Catalonia ?*, Catalonia Press, 2013.

penche d'ailleurs plutôt à gauche avec la montée récente des scores électoraux du CUP (Candidatura d'Unitat Popular), un parti radical. Les indépendantistes veulent augmenter les dépenses publiques, taxer les banques, les centres commerciaux, ce qu'ils appellent bizarrement « le pouvoir nucléaire », en cela pas très éloignés des lubies classiques de la gauche radicale mais aussi de l'extrême droite. Ce qui est amusant, c'est que leur générosité théorique trouve rapidement des limites pratiques quand on évoque les liens financiers de la Catalogne avec les autres régions espagnoles. En effet, les indépendantistes sont obsédés par les transferts fiscaux en dehors de la région, parfaitement calculés par les économistes, poste de dépenses par poste de dépenses, impôt par impôt, avec toujours la même conclusion très bourgeoise : l'État catalan serait plus riche s'il vivait en autarcie.

Les indépendantistes précisent toutes les deux phrases que l'argument économique arrive au second plan dans leur raisonnement. Mais enfin, ce thème est tellement souvent ressassé qu'on peut en douter. De même qu'on a du mal à croire que des personnes sensées puissent réellement comparer l'État espagnol à un empire totalitaire. Et même, assimiler l'appartenance à un État fédéral à un centralisme autoritaire est un raccourci trompeur qui, au mieux, frise la mauvaise foi. La Suisse est un pays dont la plupart des structures politiques sont parfaitement décentralisées. Je n'ai jamais rencontré aucun Suisse qui se sente oppressé par Berne (il en existe sans doute mais ils doivent être ultraminoritaires). De la même façon, une Europe fédérale consisterait à respecter le principe de subsidiarité : une politique étrangère et une politique de défense fédérales ainsi qu'un budget européen pour, quand c'est nécessaire, mener des politiques communautaires. Point de centralisme dans le projet fédéraliste. Qu'il faille approfondir la décentralisation en Espagne, pourquoi pas ? Mais les Catalans indépendantistes n'en veulent pas. Ce qu'ils appellent de leurs vœux plus ou moins inconsciemment, c'est se recroqueviller sur l'identité de leur province au risque de transformer la Catalogne, région universellement connue pour sa culture et ses artistes, en une nation réactionnaire.

L'alliance entre l'extrême droite et l'extrême gauche

L'alliance du nationalisme de droite avec l'extrême gauche (qui s'est rebaptisée gauche radicale) est un grand danger pour les sociétés ouvertes. Ces deux branches *a priori* éloignées naissent de la même racine : le catastrophisme et la volonté de s'extraire de la démocratie libérale. C'est la raison pour laquelle leurs programmes économiques sont proches. Quand ils se cantonnent, comme chez Donald Trump, au protectionnisme, la différence est encore visible. Mais quand l'extrême droite va au bout de sa logique de rejet du capitalisme, et quand l'extrême gauche devient corporatiste, il est impossible de distinguer les deux[1]. C'est typiquement le cas en France. Lors d'un débat télévisé auquel je participais en 2015 je crois, une responsable du Front de gauche avait jugé nécessaire de rappeler (c'est dire si elle était sur la défensive) que la gauche radicale et l'extrême droite n'avaient aucun point commun. J'avais complété : « sauf le programme économique et social, c'est-à-dire l'essentiel dans un pays comme la France où le débat est dominé par ces problématiques ». Après un blanc de cinq longues secondes, j'ai cru qu'elle allait me sauter à la gorge[2]. En Europe pourtant, la réconciliation des nationalismes a été portée par un parlementaire italien du Parti démocrate (gauche), Stefano Fassina, dans un billet repris sur le blog de Yánis Varoufákis, l'éphémère ministre de l'Économie grec du premier gouvernement Tsípras[3].

1. Une illustration parmi mille autres : le mouvement Nuit Debout réuni place de la République à Paris a, en avril 2016, apporté un soutien aux taxis, preuve s'il en fallait une que nos petits ménestrels de l'extrême gauche sont plus proches de la partie la plus corporatiste du patronat que des révolutionnaires français qui ont aboli les corporatismes. En outre, certains gourous de ces Nuit Debout ont, au bout de quelques semaines, publiquement étalé leur rejet du débat public, de la liberté de la presse, et ont été incapables de condamner clairement le recours à la violence. Preuve que, si les programmes des extrêmes sont proches, c'est aussi le cas de leurs méthodes. Il ne reste plus beaucoup de différences.

2. L'immense majorité des militants d'extrême gauche ne peut pas être soupçonnée de xénophobie. Mais de nationalisme, oui. Et, à franchement parler, si l'extrême droite avait pour habitude, par exemple, de retweeter mes analyses, je me poserais de sérieuses questions sur la validité morale de mes écrits.

3. « For an Alliance of National Liberation Fronts », publié sur le blog de Yánis Varoufákis, yanisvaroufakis.eu, le 27 juillet 2015.

Varoufákis a bénéficié d'une certaine complaisance médiatique basée sur son physique cinématographique et par le goût des sociétés ouvertes pour le romantisme révolutionnaire, goût dont Schumpeter lui-même estimait qu'il pourrait les tuer. La réalité, c'est que Varoufákis et Tsípras sont des politiciens qui ont été obsédés pendant des années par le pouvoir, qu'ils ont raconté n'importe quoi aux Grecs abattus par la crise et qu'ils ont joué du malheur de pauvres gens pour gagner les élections. Je ne connais pas plus cocus que les intellectuels de gauche français qui ont frissonné de plaisir quand Syriza a été chargé de composer le gouvernement grec en janvier 2015. Le plus comique, c'est que Varoufákis ait pu être présenté comme un grand économiste alors que ses livres (du moins ceux qui ont été traduits en français, pour les autres on lui laissera le bénéfice du doute) sont d'une nullité affligeante. Stefano Fassina donc, dans cet article repris sur le site de Varoufákis, déverse des critiques, pas toutes injustifiées d'ailleurs, sur l'austérité qui découle des traités européens. Il en conclut que les pays du sud de l'Europe doivent recouvrer leur souveraineté économique en sortant de l'euro. Je considère que cet argument est faux dans la mesure où il est préférable d'améliorer le fonctionnement de la zone euro plutôt que de la faire exploser. Mais passons : l'argument, même faux, ne peut pas être disqualifié par principe. Le fond du problème surgit dans les dernières lignes de l'article (traduction personnelle) : « Pour une désintégration ordonnée de la zone euro, nous devons construire un vaste front de libération nationale, en commençant par les pays de la périphérie méditerranéenne, constituée par des forces progressistes ouvertes à la coopération avec les partis souverainistes démocratiques de droite. » On appréciera l'emploi du mot « démocratique », absolument vide de sens car tous les partis d'extrême droite européens, Front national en tête, sont parfaitement démocratiques, y compris ceux qui sont racistes. En France, certains économistes se réclamant de la gauche comme Jacques Sapir ont immédiatement saisi la balle au bond en proposant de s'allier avec le Front national pour rendre opérationnelle une sortie de l'euro[1]. La gauche radicale grecque a d'ailleurs fait un premier pas dans cette direction en faisant entrer au gouvernement des membres de l'Anel, un parti souverainiste de droite. Dans un superbe éditorial du magazine *Le Point*, Pierre-Antoine Delhommais a souligné que la nouvelle gauche radicale n'est plus internationaliste[2]. On pouvait être en total désaccord, c'était mon cas, avec les mouvements altermondialistes des années 1990 qui estimaient que la mondialisation écrasait les plus pauvres. Les deux dernières décennies ont démontré l'exact contraire : la mondialisation a bénéficié aux pays les plus pauvres, parfois au détriment des pays riches. Mais ces altermondialistes étaient internationalistes et mus par la générosité, ce qui les rendait sympathiques. La nouvelle

1. Interview publiée sur le site du *Figaro* – Figarovox le 21 août 2015.
2. Pierre-Antoine Delhommais, « Le sermon des aigris », *Le Point*, 14 avril 2016.

gauche radicale est nationaliste. Elle défend le sort des salariés en place mais jamais celui des exclus de la société.

Ce rapprochement intellectuel et parfois politique entre les deux extrêmes clarifie la situation politique des pays développés en proie à la 5e grande mutation : les nationalistes-corporatistes contre les partisans de la société ouverte, alliance entre les progressistes (plutôt de centre gauche) et les libéraux (plutôt de centre droit). Cette alliance ne déprécie en aucun cas la valeur du débat entre la droite et la gauche. En effet, ces deux parties de l'échiquier politique peuvent s'opposer sur la redistribution fiscale, la politique industrielle ou le mariage gay. Simplement, la distance entre la gauche modérée et la droite modérée est plus courte que celle qui sépare les progressistes libéraux des deux extrêmes. Sur la base d'accords de coalitions, il est légitime que centre droit et centre gauche gouvernent ensemble, en particulier dans des pays comme la France où ils n'en ont pas l'habitude.

En attendant que cette recomposition politique soit achevée dans les faits, il est à espérer que, dans la période troublée qui est la nôtre, certains dirigeants politiques puissent gagner la confiance de leurs peuples par un discours qui articule confiance dans le progrès technologique et l'innovation, libéralisme économique tempéré et politique migratoire rigoureuse mais pas restrictive. La bête extrémiste se réveille, et cette bestiole-là, une fois levée, est difficile à dompter. Nous avons connu dans l'Histoire, de la tyrannie des Trente au socialisme révolutionnaire en passant par le fondamentalisme chrétien, des épisodes de fermeture de nos sociétés, de libertés sacrifiées sur l'autel du rejet de la modernité.

La tyrannie d'extrême droite des Trente

Chaque mutation technico-économique engendre ses violences et inflige ses blessures aux sociétés ouvertes. Fort logiquement, le premier de ces blessés fut la première grande société ouverte, Athènes.

La mutation de l'Antiquité engendra en son sein une guerre entre les modernes, Athéniens, et les anciens, Spartiates. Le commerce athénien avait fait naître les grandes fortunes et les inégalités sociales contre l'ordre établi aristocratique qui voulut se défendre comme une corporation nationale. Les grandes mutations contrarient toujours la nature biologique ou sociale. Les commerçants, les marchands et les financiers étaient montés dans la hiérarchie sociale grâce à leur argent nouvellement gagné, substituant leur prestige récemment acquis à celui de l'aristocratie. Les oligarques athéniens dénoncèrent le commerce comme une activité subversive et dangereuse pour la préservation de l'ordre aristocratique naturel, rejoignant en cela l'idéologie spartiate. Pour eux, commerce, utilisation de la monnaie, politique navale et démocratie formaient un précipité immoral. En lisant l'historiographie portant sur le siècle de Périclès, j'ai été frappé de voir comme le discours des oligarques athéniens vis-à-vis du grand commerce approchait celui de nos politiques sur l'économie des NBIC : même incompréhension du monde qui vient, même idéologie du déclin, même propension à voir, par principe, de l'immoralité dans la nouveauté.

Pour une partie de l'oligarchie athénienne, la démocratie et le commerce avançaient main dans la main, et cela lui semblait inacceptable. Athènes suscitait des haines y compris à l'intérieur de la cité et parmi les classes cultivées, ce qui explique qu'une partie de leurs membres ait conspiré avec l'ennemi réactionnaire. Sparte était populaire chez les intellectuels dont la propension à se tromper était déjà forte il y a 2 500 ans. L'élite intellectuelle athénienne ne pouvait accepter ce que Tocqueville mettrait en lumière au XIXe siècle : la démocratie nivelle par le bas. Il faut l'aimer pour ce qu'elle est. Mais un tel effort était hors de portée de certains oligarques et *a fortiori* des dictateurs spartiates. La politique de Sparte avait pour but de garder à distance tous les facteurs d'évolution économique et sociétale afin d'écarter les influences qui auraient pu remettre en cause les tabous et la pratique des rites. Il fallait ainsi rejeter la démocratie, le commerce, l'égalitarisme et l'universalisme, ce qui passait par la domination militaire du voisin athénien.

La guerre du Péloponnèse, autant qu'une guerre militaire d'influence, est la première grande guerre idéologique des modernes contre les anciens, Périclès, Hérodote, Démocrite, Antisthène d'un côté, Sophocle, Thucydide et surtout Platon de l'autre, Platon que le commerce répugnait et qui voulait punir de mort la détention d'or. Elle n'est pas qu'un affrontement entre deux cités. C'est aussi une guerre civile intra-athénienne, une guerre de classes. C'est la première guerre schumpétérienne que, au regard de l'Histoire longue, Athènes a remportée, mais au prix de la terreur des Trente. Sparte avait accepté la reddition des Athéniens à la condition que, sous hégémonie spartiate, ils détruisent les longs murs et dissolvent la ligue de Délos. La volonté de Sparte était d'opérer un impossible retour vers le passé, mais on ne refait pas des arbres avec du papier, et le pouvoir des Trente se mua en tyrannie antimoderne et xénophobe, plutôt populaire à ses débuts, obsédée par le combat contre les démocrates, les riches et les métèques, allègrement chassés ou massacrés. La répression était particulièrement violente au Pirée, l'endroit le plus ouvert géographiquement et intellectuellement. Après huit mois au pouvoir, les Trente tyrans sont chassés par un groupe d'exilés politiques, dont le général Thrasybule qui restaure la démocratie.

La guerre du Péloponnèse et la tyrannie des Trente nous offrent un beau sujet de méditation. Les NBIC vont avoir des conséquences au moins aussi fondamentales que le commerce lointain durant l'Antiquité. À nous de trouver la voie du changement civilisé, ce que n'ont pas su faire les Grecs antiques, bien que, en inventant la philosophie, ils aient commencé à construire un discours rationnel sur le changement. Ce dont nous avons besoin, c'est bien plus qu'un mode d'emploi de la réforme. C'est une philosophie de la grande mutation qui agisse comme une force intellectuelle centripète : garder les citoyens, surtout les plus vulnérables, le plus près du milieu de l'échiquier politique.

La tyrannie religieuse de Savonarole

Le progrès économique et social, selon la loi Le Chatelier, déclenche toujours sa contre-révolution : morale puis, si elle y parvient, sociale et économique. Sparte a réussi, temporairement, à imposer une dictature, disons-le de façon anachronique, d'extrême droite, assez proche de l'idéologie de Vichy. À d'autres périodes, la dictature qui s'instaure repose sur des fondements religieux. Ce sont ces fondements qui ont pu permettre à Savonarole d'entrer en politique. Le luxe florentin le rendait malade. Comment la chrétienté avait-elle pu accoucher d'une cité si peu chrétienne en ce sens qu'elle vénérait le luxe et écrasait la pauvreté ? Si la croissance, c'est cela, il ne faut point de croissance. Si le progrès, c'est cela, on se passera du progrès et l'on préférera la tradition. Pendant longtemps, à Florence, l'autorégulation fut la règle. Les marchands catholiques, obsédés par l'argent, entretenaient un fond de culpabilité, d'autant que le clergé florentin ne parvenait pas à dire si leurs actes étaient moraux ou pas. À la fin du XVe siècle, la sobriété tend à céder la place à des comportements plus décomplexés. La consommation devient plus luxueuse et la rigueur de l'épargne le cède à l'investissement dans l'immobilier et dans les œuvres d'art. Un renversement s'opère, où l'on passe d'une situation où les riches vivent comme des pauvres à une situation où les pauvres vivent comme des riches. Les marchands et les banquiers endossent la notion de magnificence. Ils édifient des palais, montrent leur statut social, leur puissance, et prennent date pour la postérité : « Que les générations qui suivront la nôtre comprennent qui nous étions ! » C'est le moment où Strozzi commence à faire édifier son palais et où Jérôme Savonarole s'empare du pouvoir.

En 1494, Florence est conquise par Charles VIII. Le roi de France, qui vénère les sermons sans concession du moine italien, se laisse séduire. Savonarole lui demande, au nom de Dieu, de laisser Florence libre. Choisi par des Florentins reconnaissants, il peut diriger la cité-État pour en faire une ville où les préceptes catholiques les plus stricts ont force de loi. L'usure ou la sodomie sont réprimées. La dirigeance de Savonarole est placée sous le sceau du salut des âmes en réaction à la pré-laïcité de Cosme l'Ancien qui voulait qu'on ne « dirige pas avec des *pater noster* ». Il prêche contre le luxe, l'orgueil et l'avidité qu'il assimile à l'Église officielle comme à l'économie florentine. En 1496, il nomme Jésus « roi de Florence ». L'une des cités les plus ouvertes et les plus libres du monde se renferme sur elle-même, sous le joug de l'intégrisme religieux, comme un peu plus tard le Portugal et l'Espagne. C'est en 1497 que la haine de l'un des avatars de la croissance, le luxe ostentatoire, atteint son apogée. C'est alors qu'est mis en place le « bûcher des vanités » sur la place de la Seigneurie. Le bûcher des vanités vise à expurger Florence des objets qui ne servent pas la cause de Dieu. Déjà, depuis quelques mois, les jeunes disciples de Savonarole pénétraient dans les maisons pour y briser les objets d'art. On brûlait des instruments de musique, des cosmétiques, des poèmes, livres, tableaux païens et humanistes. Fernand Mourret rapporte que, au moment où le bûcher des vanités s'enflamma, les cloches sonnèrent et « un formidable cri de triomphe sortit de toutes les poitrines, comme si l'empire de Satan venait d'être anéanti[1] ». Mais la contre-force anticapitaliste déclenche à son tour une autre contre-force, citoyenne et bourgeoise. La classe moyenne florentine n'apprécie peut-être pas le luxe ostentatoire, mais elle souffre encore plus de l'absence de liberté et de confort. Elle rejette la décroissance de Savonarole. Les marchands s'inquiètent de la lutte contre les vanités, qui met à mal l'industrie du luxe, fer de lance de l'économie florentine. Une chanson populaire dit : « Ô peuple ingrat, tu te laisses prendre à des cris, et tu suis un guide plein d'hypocrisie[2]. » Avant l'été 1497, les jeunes se révoltent contre le pouvoir et les tavernes rouvrent. On peut recommencer à boire, chanter et jouer. Savonarole finit pendu, puis son corps est brûlé en public, à l'endroit même où avait été dressé

1. Fernand Mourret, *Histoire générale de l'Église. La Renaissance et la Réforme*, Bloud et Gay, 1914.
2. *Ibid.*

le bûcher des vanités. Les Médicis peuvent diriger la ville de nouveau, dans l'intérêt d'une économie dynamique. L'infrastructure économique finit toujours par gagner, mais au prix douloureux de guerres extérieures ou civiles.

Le terrorisme socialiste du XIXe siècle

Le socialisme n'est pas en soi une force qui s'oppose au progrès. Marx lui-même aimait les technologies et ne rêvait à rien d'autre qu'un avenir meilleur pour l'humanité. Il est un penseur du progrès par excellence. Aujourd'hui, Marx aurait été passionné par les NBIC. Le socialisme peut devenir réactionnaire, quand, mû par son obsession de contrôler les évolutions sociales, il se révolte contre les sources mêmes de la croissance comme la loi Le Chatelier le prédit. Rien de plus imprévisible que la destruction créatrice. Le socialisme, quand il veut tout planifier, devient fou car la réalité sociale lui glisse entre les mains. La contre-force d'une grande mutation peut s'exprimer, non pas par la plongée vers le nationalisme d'extrême droite, mais dans le bain du socialisme révolutionnaire. Tout est affaire de contexte intellectuel et politique.

À partir de la fin du XVIIIe siècle, la machine à vapeur détruit et crée : elle transforme les artisans en ouvriers, le travail manuel en travail à la machine, le monde rural s'urbanise, l'entreprise, avec son organisation hiérarchique et ses rapports de classes, s'étend. Comment penser qu'un tel changement, même s'il débouche après quelques décennies sur une amélioration des conditions de vie pour tous, s'écoule comme un bruit de ruisseau ? À partir de mars 1811, des patrons d'usines de coton anglais reçoivent une lettre de menace signée Ned Ludd, résidant de la forêt de Sherwood (celle de Robin des Bois !). Mise en scène destinée à se parer de vertu, Ned Ludd n'ayant sans doute jamais existé. Peu après l'envoi des lettres, de petits commandos s'introduisent dans les usines de coton la nuit pour briser les machines. L'histoire n'est pas anecdotique. La menace ne reste jamais lettre morte. Le mouvement prend de l'ampleur. Des usines sont complètement détruites et des industriels exécutés. Pas question de laisser l'obscurantisme achever la révolution industrielle. Le gouvernement britannique mobilise les moyens les plus brutaux : les déportations et les pendaisons se multiplient. Les attentats s'arrêtent en 1812.

Notre réflexe contemporain pourrait être de railler ces ouvriers qui ne comprennent pas que le progrès économique va les servir eux, autant que les patrons assassinés. Cette posture serait néanmoins blâmable. La réaction luddite est rationnelle. Il ne faut pas trop demander à ceux qui subissent la destruction créatrice dans leur chair. L'introduction des filatures de coton déstructure la société, surtout dans la décennie 1810 où le blocus napoléonien empêche l'Angleterre d'écouler normalement sa production, soumettant le pays au chômage de masse. Le luddisme est une réaction contre l'organisation pyramidale de l'entreprise : l'artisan est libre, l'ouvrier répond aux directives d'un contremaître. Toujours, le progrès économique modifie la forme des hiérarchies. Le luddisme est aussi une réaction affective à l'amour du produit : les textiles fabriqués par les machines sont de moins bonne qualité que ceux conçus par des mains humaines[1].

Le syndicalisme révolutionnaire et le terrorisme n'ensanglantent pas l'Angleterre pendant la seconde partie du XIXe siècle. Les gains liés à la croissance compensent enfin les coûts liés à la destruction créatrice. En Allemagne, la tentation de la révolte sera anesthésiée par la politique sociale de Bismarck, visant, justement, à affaiblir le besoin de socialisme. Bismarck mène une politique sociale pour que les Allemands n'aient pas l'idée de le demander à un autre ! C'est en France que le socialisme révolutionnaire déchaîne ses foudres, ce que le goût de l'anachronisme conduit à comparer au Paris de 2015. C'est un Français, le géographe Élisée Reclus, qui, avec le prince russe Kropotkine et un disciple aussi radical que Jean Grave, reprend le flambeau laissé par Bakounine, résumé dans cette phrase cinglante : « Que chacun prenne sur le tas ce dont il a besoin. » Les anarchistes français, guidés par la croyance que la violence fait prendre conscience au peuple de son pouvoir contre les classes dominantes, multiplient les attentats : Ravachol en 1892, Vaillant

1. Une bonne synthèse du luddisme se trouve être celle de Nicolas Chevassus-au-Louis, *Les Briseurs de machines : de Ned Ludd à José Bové*, Éditions du Seuil, 2006.

contre la Chambre des députés en 1893, Henry contre l'hôtel Terminus, à côté de la gare Saint-Lazare, en 1894. Enfin, le 24 juin 1894, le président de la République Sadi Carnot, qui avait refusé de gracier Vaillant, est assassiné à Lyon par l'anarchiste italien Sante Geronimo Caserio. Lors de son procès, Caserio déclarera : « En un mot, nous devons faire notre possible pour détruire la bourgeoisie et les gouvernements. Vous qui êtes les représentants de la société bourgeoise, si vous voulez ma tête, prenez-la[1]. » Ce qui sera fait sur l'échafaud. Déjà le goût du martyre.

La comparaison entre le Paris des années 1890 et le Paris de 2015 fera hurler les historiens de profession. Qu'on me permette néanmoins de la pousser en évoquant la similitude d'infrastructure économique. Quand j'essaie de décrire l'économie française à des correspondants étrangers, j'explique qu'il s'agit d'une économie réprimée. De nombreuses start-up contribuent à la mutation NBIC, mais le corset de la fiscalité et de l'hyperréglementation empêche le potentiel d'innovation de la France de s'exprimer pleinement. Le moteur économique est bridé à 80 km/h alors qu'il pourrait aisément atteindre 130. La France de 1890 se situe dans une situation économique et sociale similaire. La Belle Époque est sur le point de stimuler les sociétés européennes, mais le conservatisme français étouffe

1. Thierry Lévy, *Plutôt la mort que l'injustice : au temps des procès anarchistes*, Odile Jacob, 2009.

l'innovation[1]. L'amour de la petite propriété paysanne, la protection des petits commerces comme Zola les décrit dans *Au bonheur des dames*, le soutien à la marine à voile et surtout le protectionnisme contrarient la transformation industrielle tirée par l'électricité et l'automobile. L'économie française se transforme dès les années 1890 car beaucoup d'entreprises veulent innover. Mais, comme aujourd'hui, la peur de l'avenir se traduit par des réglementations qui freinent le progrès. Une loi de janvier 1892 autorise le gouvernement à dénoncer les traités de commerce international en vigueur pour les remplacer par le célèbre « tarif Méline ». Ce sont donc deux forces contraires qui agissent sur l'économie française : une force de croissance générée par les Panhard et les Peugeot ; une force réactionnaire qui naît politiquement de bourgeois, de paysans et de syndicalistes apeurés par l'avenir. Or, ces deux forces, si elles ne sont pas canalisées par un discours philosophique réconciliateur et par une politique économique qui modère les effets sociaux de la destruction créatrice, déversent leurs antagonismes dans la violence. Mon ami Pierre-Henri Tavoillot, l'un des philosophes français les plus brillants, estime que l'Histoire du monde peut se résumer à l'opposition entre la destruction créatrice et la « révolution conservatrice ». Il souligne que la révolution industrielle, de la fin

1. Le meilleur livre sur l'Histoire économique de la France est celui de Jean-Charles Asselain, *Histoire économique de la France du XVIIIe siècle à nos jours*, Éditions du Seuil, 1984. Sur cette période, j'utilise aussi beaucoup le livre de Michel Winock, *La Belle Époque*, Perrin, 2003.

du XVIIIe au début du XXe siècle, achève de détruire l'ancestrale société paysanne, religieuse et traditionnelle, sans que les structures rassurantes d'un monde nouveau apparaissent encore. C'est dans cet espace vide où les repères sont effacés que Ravachol terrorise la France et que Sadi Carnot est assassiné. Ravachol et Sante Geronimo Caserio étaient de pauvres gens désorientés. L'ultraviolence est moins une réaction à la pauvreté ou à l'injustice qu'un réflexe atavique vis-à-vis d'un monde qui change.

Le fondamentalisme islamiste

La flambée de Daech n'a encore rien à voir avec la 5e grande mutation, mais il s'agit une fois de plus d'une réaction contre la modernité. Le schéma décrit par Pierre-Henri Tavoillot qui oppose tenants de la société ouverte et tenants de la révolution conservatrice reste valide. Il l'a utilisé après les attentats du 13 novembre à Paris pour concevoir ce qui constitue à mes yeux la meilleure analyse sur la montée du fondamentalisme islamique et du terrorisme contemporain[1]. Au XVe siècle déjà, la révolution conservatrice de Savonarole voulait frapper le capitalisme rutilant des marchands florentins.

1. Il faut lire en intégralité les trois articles intitulés « La philosophie politique de l'État islamique » qui ont été publiés sur le site de *La Tribune*. Pierre-Henri Tavoillot m'a confié que, après les attaques du 13 novembre, il avait rapidement conçu un cours pour ses étudiants sur la philosophie de Daech, ce qui l'avait sorti de la passivité forcée insupportable dans laquelle nous avons tous un peu sombré après ces attentats.

Mais Tavoillot rappelle que la notion de fondamentalisme apparaît dans le contexte du protestantisme américain au début du XXe siècle comme une réaction à la science qui sécularise la société. Souvenons-nous de la blessure narcissique freudienne infligée par Darwin qui fait comprendre à ses contemporains que leur parenté est avec le chimpanzé plus qu'avec Dieu. Le fondamentalisme musulman émerge dans les années 1930 dans les écrits du Pakistanais Mawdudi qui développe la notion d'État islamique par opposition à l'Empire britannique. Mawdudi souligne les trois conditions du fondamentalisme musulman : la charia inclut tous les aspects de la vie ; la souveraineté n'appartient pas au peuple mais à Dieu ; le djihad revêt une vocation mondiale.

Là où l'analyse de Tavoillot, inspirée par celle de Marcel Gauchet, est passionnante, c'est quand elle explique pourquoi le fondamentalisme musulman a été dormant pendant cinquante ans avant de se réveiller violemment dans les années 1980. Pour lui, le basculement date précisément de 1979 pour trois raisons : la révolution islamique d'Iran démontre que l'islam radical peut trouver un débouché politique. Et peu importe pour les fondamentalistes, vu l'enjeu, que l'Iran soit chiite alors que le terrorisme contemporain est sunnite. Le fait est que tous les fondamentalistes musulmans ont reçu la révolution iranienne comme une révélation de leur possible puissance ; deuxième raison : l'invasion soviétique en Afghanistan amène les Américains à armer les djihadistes ; enfin, Deng Xiaoping met fin à l'expérience marxiste-léniniste en Chine et donne le coup d'envoi de la modernisation du plus grand pays du monde. L'ennemi, la société ouverte, est augmenté du géant chinois, et le fondamentalisme gagne ses galons politiques et militaires. La seconde guerre du Golfe en 2003 puis le vide étatique laissé par la mort de Kadhafi en Libye vont contribuer à la formation de l'État islamique.

Pourquoi de jeunes Maghrébins mais aussi de jeunes Français ou Belges, parfois convertis sur le tard, rejoignent-ils les rangs du djihad ? Dans un article du journal *Le Monde* qui a fait couler beaucoup d'encre, le politologue Olivier Roy apporte des réponses non convenues mais convaincantes[1]. Il ne s'agit pas pour lui d'un choc des civilisations entre l'Occident et les pays musulmans, sinon comment expliquer que la quasi-totalité des musulmans soient des personnes absolument pacifistes qui nous accueillent, nous Européens, comme des rois quand nous venons les visiter ? Quiconque s'est déjà promené dans les pays à dominante musulmane sait combien la théorie du choc des civilisations est absurde. Cette absurdité, je l'ai profondément ressentie à Casablanca un soir du printemps 2016 quand des amis journalistes marocains m'ont longuement expliqué sous le toit blanc du Rick's Café que la tradition de l'islam au Maroc, incarnée par Mohammed VI, est profondément libérale, y compris sur le plan économique,

1. « Le djihadisme est une révolte générationnelle et nihiliste », *Le Monde*, 24 novembre 2015.

à tel point que l'idée de laïcité en terres musulmanes n'est peut-être pas aussi saugrenue que nous avions pu le penser.

Selon Olivier Roy, la plupart des jeunes djihadistes n'ont pas reçu de véritable éducation religieuse. C'est après avoir basculé dans la radicalité en raison de leur rejet de la société ouverte qu'ils basculent dans le fondamentalisme, ce que Roy résume de cette formule saisissante : avec le fondamentalisme islamiste nous faisons face, non pas à une radicalisation de l'islam, mais à une islamisation de la radicalité. Cette formule permet de sentir le lien qui unit le terrorisme islamiste aux vagues précédentes, de l'anarchisme rouge du XIXe siècle à la bande à Baader ou Action directe : des individus rejettent nos sociétés et trouvent dans des discours radicaux, religieux ou politiques, le récit qui donne un sens à leur vie puis à leur mort puisque beaucoup acceptent l'idée du suicide. La pauvreté est éventuellement un facteur aggravant, mais lier rapidement terrorisme et pauvreté, c'est rester à la surface des choses. L'immense majorité des habitants de notre planète qui souffrent d'extrême pauvreté sont plus abattus que révoltés. Le terrorisme se nourrit de la détestation de la société qui s'ouvre et se modernise. Il est l'antidote de malheur au progrès.

Aujourd'hui, c'est Daech qui propose le principal récit hostile à la société ouverte, mais le terrorisme est relativement fongible. Il glisse d'un récit à l'autre. Il s'adapte à la critique dominante dans la société ouverte. Partant de ses travaux sur les brigades rouges, le sociologue Alessandro Orsini recense les éléments caractéristiques de leur vision du monde : 1) Le catastrophisme radical. Les terroristes considèrent que le monde dans lequel ils vivent a subi une dégradation matérielle et morale. 2) L'attente de l'issue finale. La fin du monde réel adviendra quoi qu'il arrive, d'où la recherche d'une spiritualité. 3) L'obsession de la pureté. Le monde doit être vidé des agents qui causent sa dégradation. 4) L'identification du mal. Historiquement, dans les idéologies terroristes, il s'est souvent agi des bourgeois et des juifs. 5) L'exaltation du martyre. Le sens du sacré trouve un débouché dans le suicide. 6) La purification des moyens par la fin, c'est-à-dire la justification du meurtre, si possible de masse[1].

La responsabilité du catastrophisme radical m'interpelle avant toute autre car chaque jour j'entends des intellectuels bien intentionnés mais mal informés déclamer que tout fout le camp, l'éthique, la morale et l'économie. Bien que – j'ai déjà eu l'occasion maintes fois de le rappeler, oralement, à l'écrit, dans ces pages mêmes – la condition matérielle de l'humanité n'ait cessé de s'améliorer depuis des milliers d'années et particulièrement depuis le XVIIIe siècle de façon inimaginable par nos ancêtres, cette facilité du « c'était mieux avant » est opiniâtre. Il est en outre frappant de constater qu'elle unit toutes les réactions : des nationalistes d'extrême droite aux révolutionnaires d'extrême gauche,

1. Alessandro Orsini, « Idéologie et terrorisme », *Commentaire*, n° 153, printemps 2016.

en passant par les fondamentalistes religieux, tous considèrent que le monde tel qu'il est ne peut pas être aimé. Ils pourraient considérer – et comme ils auraient raison ! – qu'il doit être amélioré. Mais non, ils envisagent notre monde et notre civilisation moderne comme un bateau qui coule, non pas un navire à réparer mais à détruire pour en construire un autre. L'idéologie du « c'était mieux avant » est la plus mortifère qui soit pour nos sociétés. C'est à nous, les progressistes et les libéraux modérés, de la faire mentir. Il en va de la paix.

L'immense danger qui nous guette, c'est que cette idéologie décliniste prenne encore plus d'espace ces dix prochaines années, quand le tsunami des NBIC va changer radicalement nos sociétés, comme la Belle Époque ou la Renaissance avant nous. Le vide spirituel et économique laissé par cette immense vague de destruction créatrice ces quinze prochaines années doit être comblé par un discours philosophique et politique ainsi que par des mesures de politique économique qui accélèrent cette transition et prennent soin de ne laisser personne sur le bord du chemin, sinon c'est un terrorisme à la puissance 10 qui nous attend. Je ne suis pas naïf. Penser qu'un discours philosophique éloigne Daech comme l'ail repousse le vampire friserait la débilité. Simplement, le combat contre les forces réactionnaires, quelles qu'elles soient, relève avant tout de la pensée, ensuite de la contrainte. Plus nous repousserons les idées extrémistes et fondamentalistes, mieux nous contiendrons la force terroriste.

La tolérance religieuse

Les autorités religieuses peuvent jouer un rôle central pour indiquer une direction spirituelle compatible avec les exigences de l'innovation et de la société ouverte. Le roi Mohammed VI du Maroc personnifie la croyance en un islam qui peut être rigoureux dans les rites mais tolérant dans les idées et inspirant une politique économique libérale. Son discours du 6 novembre 2015 à l'occasion de la Marche verte (discours sur le Sahara, sujet sensible au Maroc, puisque le pays considère que le Sahara occidental est marocain, et que ce sujet relève de son intégrité territoriale) intègre de façon cohérente les aspects religieux (« Louange à Dieu... »), le récit historique (« Le peuple marocain croit à la communauté de son destin, à sa mobilisation pour la défense des valeurs sacrées du pays et son intégrité territoriale et à la forte symbiose qui l'unit à son Trône... ») et le libéralisme économique (« nous voulons opérer une rupture [...]. Rupture avec l'économie de rente et des privilèges et la défaillance de l'initiative privée, et rupture avec la mentalité et la concentration administrative »). Le roi n'évite pas des références nationalistes et les piques contre l'Algérie, car la question saharienne demeure incroyablement épidermique dans le royaume.

J'avais aussi été impressionné par le discours du pape François au Parlement européen de Strasbourg le

25 novembre 2014[1]. Le pape avait rempli le vide laissé par la politique, souvent incapable de s'exprimer sérieusement et avec crédibilité sur les sujets centraux, mais aussi celui laissé par les intellectuels, souvent plus amis avec les certitudes du passé qu'avec les promesses, certes incertaines, de l'avenir. Dans ce discours au Parlement européen, François dessine l'avenir de l'Europe à mille lieues des propositions rances et recroquevillées des nationalistes de droite comme des utopistes de gauche. Faisant allusion à la fresque de Raphaël, *L'École d'Athènes*, représentant, parmi une multitude d'autres personnages, Platon désignant le ciel et Aristote pointant le doigt droit devant lui vers la vie réelle, le pape rappelle que la vocation de l'Europe est de bâtir l'avenir à partir de ses valeurs, lesquelles sont en grande partie chrétiennes. L'héritage européen est la synthèse du rationalisme grec, du droit romain et de l'individualisme chrétien. Voilà un précipité qui n'empêche pas la croissance et le progrès, au contraire ! Le défi européen et son génie sont illustrés par le tableau de Raphaël : il s'agit de participer au nouveau cycle économique de l'innovation, celui des nanotechnologies, des biotechnologies, de l'intelligence artificielle et des énergies propres en respectant la dignité humaine et en considérant que la technique ne vaut pas seulement pour elle-même mais pour ses bienfaits pour les individus.

1. J'avais analysé ce discours pour Figarovox le 3 décembre 2014 dans un article intitulé : « Quand un économiste se penche sur le discours du pape François ».

Innovation et religions peuvent constituer d'excellents couples, des couples qui savent faire le lien entre un passé que l'on est en droit d'aimer et un avenir marqué par le sceau du progrès. Comme le savent bien les juifs, dans la troisième parasha Lekh Lekha, Dieu a dit à Abraham : « Éloigne-toi de ton pays, de ta nation et de la maison paternelle, et va au pays que je t'indiquerai ; va pour ton bonheur et pour ton bien car c'est là-bas que je te ferai devenir une grande nation. » Le futur est là pour que les humains construisent le meilleur.

SECONDE PARTIE

PHILOSOPHIE POUR SAUVER LE MONDE

5

Sauver nos civilisations

Penser que la 5e mutation sonne le glas d'une civilisation est une paresse de l'esprit, un raccourci qui finit en impasse. Je ne sais plus qui, l'autre jour, à la radio, s'est emporté : « Tout s'est écroulé, tout est à reconstruire ! » Mais non, justement, car tout n'est pas à détruire ! Le présent n'est pas séparé du passé mais il lui est lié. La mutation ne doit pas être la révolution à la Rabaut Saint-Étienne qui s'exclame dans ses *Considérations sur les intérêts du tiers-état* de 1788 : « Pour le rendre [le peuple] heureux, il faut le renouveler, changer ses idées, changer ses lois, changer ses mœurs, changer les hommes, changer les choses, changer les mots... Tout détruire ; oui, tout détruire puisque tout est à recréer. » Ce fantasme destructeur est infantile, mais l'idée révolutionnaire n'est pas morte, malgré 1793 et la Terreur. Le sens de la nuance aurait-il déserté les esprits contemporains rétrécis par Internet et les chaînes d'information en continu pour ne comprendre que des messages simples dans la forme, radicaux dans le fond ? La comparaison avec une maison détruite (bombardée) dont on ramasse péniblement les pierres pour la rebâtir, on espère en plus beau et en plus solide, mais ce n'est pas sûr, est fausse. Finalement, Schumpeter au pied de la lettre (l'innovation détruit et il faut reconstruire) est limpide, violent, mais trop simple pour être toujours vrai. S'en tenir là, c'est passer à côté de la complexité de la vie et de notre volonté de conserver ce qu'il y a de meilleur dans une civilisation, malgré l'épreuve du temps et des grandes tempêtes technologiques et économiques. On reconnaît le débat ancestral des années révolutionnaires françaises entre Edmund Burke le conservateur et Thomas Paine le progressiste. Pour Burke, l'Histoire civilise les hommes, et chaque acte politique doit éviter de saborder ce que le passé a apporté de bon. Paine adopte la démarche abstraite des Lumières qui, poussée à l'extrême, est celle de Rabaut Saint-Étienne : la société doit se construire grâce à la raison et à l'identification des droits naturels des individus. Si cela exige de détruire toutes les institutions passées, que la Révolution serve à cela !

Sauver la civilisation

Le débat politique n'est plus de ce niveau aujourd'hui. Regardez l'affligeante campagne pour la présidentielle américaine de 2017 et ce clown de Trump qui remplit l'espace vide laissé par les démocrates et les républicains, incapables de formuler une idée neuve. Pourtant, notamment pour les républicains, Burke fournit un ferment à partir duquel peuvent éclore des idées et des politiques pour notre monde. Car, pour ne pas rejeter les citoyens vers les extrêmes et les garder dans la modération rationnelle, le récit politique doit identifier et consolider les piliers qui permettent d'adapter une civilisation à un contexte technico-économique nouveau avec pour objectif d'empêcher son effondrement. Ce n'est pas une philosophie réactionnaire : les réactionnaires veulent rester rivés au passé et n'aiment pas l'avenir. C'est une philosophie libérale : elle n'oblige l'individu à rien, si ce n'est à respecter un certain nombre de valeurs qui font d'un territoire une communauté de destins. Elle n'est pas irrationnelle comme le souhaiteraient certains conservateurs (dans la lignée de Burke) ou libéraux (dans la lignée de Hayek). Elle exige de faire appel à la raison, sans excès, dans la détermination de nos choix politiques[1].

Il y a dans l'Histoire du monde des permanences. Ces permanences, il ne faut pas les voir seulement comme des hasards historiques mais comprendre dans quelle mesure elles émanent de la volonté des hommes et dans quelle mesure ce sont elles qui permettent d'entrer dans l'avenir sans briser une civilisation. Pourquoi certains parents veulent-ils transmettre à leurs enfants une culture classique ? Pourquoi depuis l'Antiquité les philosophes s'interrogent-ils sur le rôle

1. J'ai développé le rôle qu'une démocratie comme la France devrait accorder à la raison, dans une lignée « poppérienne », dans *Le Grand Refoulement : stop à la démission démocratique*, Plon, 2015.

de la raison et des valeurs morales ? Pourquoi, des grottes de Lascaux au *street art* des rues d'Athènes (la ville européenne la plus peinturlurée), y a-t-il toujours eu des hommes pour dessiner sur les murs ?

Et puis pourquoi penser à tout ça ? Pourquoi écrire ce livre alors qu'il est tard et que je suis fatigué ? Je vais me coucher et je me remettrai à l'écriture demain, entre deux rendez-vous, dans un café, un avion, un jardin public... Peu importe, je peux écrire partout. Je n'ai pas besoin d'espace mais de temps. Au minimum deux heures. L'effort intellectuel qui précède l'écriture est intense. La réflexion d'abord, l'écriture ensuite. Plus la première est difficile, moins la seconde l'est. En moins de deux heures, on peut réfléchir. Mais les pages ne se noircissent pas toutes seules. On peut aussi écrire sans réfléchir, mais on ne fait pas un bon livre. Écrire n'est pas une mince affaire, et je pourrais soit dormir, soit consacrer mon temps à des activités plus lucratives. Mais il y a cette question : devant ce tsunami de destruction créatrice qui monte encore quand on regarde dans la bonne direction, vers la mer et non pas vers le sable, que devons-nous protéger, garder, serrer contre nous pour que la vague ne l'emporte pas au large, dans le néant ?

Mais au fond, pourquoi garder une espèce de doudou comme un enfant qui a peur de l'inconnu ? Nous sommes des adultes ! Bien sûr, mais le problème n'est pas là. Comme adultes rationalistes, notre devoir est de comprendre quels piliers vont nous permettre dans ce nouveau monde, celui des NBIC, d'éviter l'effondrement, les pertes et les déchirures qu'un tel changement porte en son sein. La perte, c'est celle de notre civilisation, au profit des nationalistes ou des barbares de Daech qui veulent nous ramener dans un monde dans lequel nous n'avions pas conquis notre autonomie vis-à-vis de la religion (je ne les place évidemment pas sur le même plan ; les premiers sont des adversaires et les seconds des ennemis). La déchirure, ce serait, en Europe, la rupture entre les modernes et les anciens, une réédition de la guerre entre Athènes et Sparte qui mène à la tyrannie des Trente. Cette tragédie, il faut l'éviter ou, tout au moins, en atténuer la violence. Car ne nous y trompons pas : le risque de la période n'est pas dans la fin du travail et la prétendue inexorable montée du chômage « technologique ». Le chômage est surtout affaire de politiques économiques. Si elles sont efficaces, il y aura le plein-emploi, ou pas loin. Si elles sont mauvaises, il y aura la mort lente du modèle français avec son corps social culpabilisé et toujours au bord de la crise d'hystérie. Même les émissions de CO_2, la montée des océans et la fonte de la banquise ne me font pas peur. Non pas que ces risques n'existent pas. Le réchauffement climatique est déjà un problème. Mais le solutionner me semble plutôt facile. L'alliance entre l'innovation et les incitations publiques doit permettre de décarboner l'économie rapidement. Que les citoyens du monde demandent un marché du carbone ! Que les citoyens de l'Europe ou des nations demandent une fiscalité écologique ! Que les centaines de milliers de chercheurs et d'entrepreneurs qui travaillent à accroître l'autonomie des batteries inventent et innovent encore ! La solution est à portée de main. Optimisme excessif, diront les Cassandres, l'air vaguement intelligent car la mine sombre et pénétrée (pénétrée de leur pensée pas très compliquée). Mais, à l'échelle de l'Histoire de l'homme, ces Cassandres, qui ne comprennent pas que, si les problèmes souvent sont une conséquence de l'action humaine, l'humanité est la cause des solutions, ces Cassandres se sont toujours trompées.

Le vrai sujet n'est donc pas simplement technique mais aussi économique et surtout philosophique. Le tsunami des NBIC polarise le monde entre les démiurges posthumanistes d'un côté et les réactionnaires partisans de la révolution conservatrice de l'autre. Les deux nous feraient changer de civilisation, un changement que nous rejetons avec force. Moi le premier, qui aime la civilisation européenne.

La singularité européenne

Si une nation est un plébiscite de tous les jours, une volonté de vivre ensemble, une communauté de destin pour suivre Renan, alors l'Europe est une nation. Cette nation, on peut aussi l'appeler civilisation. Quand François Guizot, dans ses cours à la Sorbonne de 1828 et 1829, fait de la civilisation un objet d'études (le terme « civilisé » ne désignait avant lui que le caractère intellectuellement, artistiquement et moralement élevé d'un peuple), il souligne que les pays européens forment la « civilisation de l'Europe[1] ».

La civilisation européenne est douce à vivre, je le ressens physiquement. Même loin de Paris, où j'habite, à Bucarest, à Varsovie, à Berlin, à Athènes, à Stockholm, à Londres : je me sens chez moi. Je me méfie des chiens errants dans la capitale roumaine ; je n'aime pas le gouvernement polonais ; je ne me sens pas parfaitement en sécurité dans Exárcheia ; je ne déambule pas le sexe à l'air dans les couloirs des piscines contrairement aux Suédois. Mais ces détails font l'attrait du voyage en Europe. Ils ne mettent pas mal à l'aise. En revanche, bien que j'adore New York, et même si les circonstances de la vie m'amenaient peut-être, un jour, à y habiter pour quelques années, j'y serai toujours à l'étranger. Ces visages durs qui regardent droit et marchent vite vers leur travail, un immense gobelet de café en main, ces ascenseurs qui vous aspirent vers le haut et vous bouchent les oreilles, ces « coins de la rue » qui sont en réalité à plusieurs kilomètres... Mais pardon, j'effleure à peine le sujet car une civilisation ne se limite pas à une question de taille : des immeubles, des rues ou des gobelets en carton.

La civilisation européenne diffère par bien des aspects de la civilisation asiatique, évidemment. Mais justement : la mise en regard de l'Europe avec les États-Unis est plus riche en enseignements car moins évidente *a priori*. Europe et Amérique du Nord appartiennent

1. *Histoire générale de la civilisation en Europe*, 1838.

toutes deux à l'Occident. Néanmoins, l'Europe et les États-Unis sont deux civilisations distinctes. La première raison tient à la jeunesse des États-Unis, nés à la fin du XVIIIe siècle. L'unité allemande s'est réalisée près d'un siècle plus tard, mais la constitution de l'Allemagne est un réarrangement institutionnel, un redécoupage et une fusion d'États existants. L'Allemagne n'a pas été créée *ex nihilo* au XIXe siècle contrairement aux États-Unis. Le poids du passé n'est pas le même, sans parler, bien sûr, de la vieille France ou de la vieille Angleterre. Ce qui frappe quand on se promène en Europe, c'est la densité des lieux historiques. Dans quasiment toutes les capitales européennes, l'Histoire nous happe : Athènes, Rome, Paris, Londres, Amsterdam, Lisbonne, Prague, Varsovie, Budapest... Les Européens ont les yeux fatalement tournés vers le passé puisque l'Histoire se rappelle sans cesse à eux. Ils doivent faire un effort particulier pour regarder vers l'avenir. Un deuxième élément distingue l'Europe des États-Unis. Chez nous, la figure de l'entrepreneur n'est pas mythique. Certes, la plupart des Européens savent que, sans une classe d'entrepreneurs créatifs et courageux, il n'est point d'économie prospère. Mais, aux États-Unis, l'entrepreneur est placé au sommet de la hiérarchie sociale. L'Europe, pour reconnaître aux entrepreneurs les mêmes mérites que les États-Unis, doit se forcer. Cet écart de perception explique que, chez nous, la place laissée à la solidarité publique et financée en grande partie par les entreprises soit plus large qu'outre-Atlantique. C'est pourquoi les États-providence européens sont plus développés que l'État-providence américain[1]. Le troisième fait historique qui distingue l'Europe des États-Unis, ce sont les guerres du XXe siècle qui ont ébranlé la conscience européenne, au point d'y instiller un doute permanent. Première et Seconde Guerres mondiales ont démontré que la technologie et le progrès économique étaient neutres et ne portaient pas de caractère moral en soi. La physique nucléaire trouve des applications dans le bombardement de populations civiles comme dans les thérapies anticancéreuses. Lors de la commémoration de la libération des camps de concentration, n'a-t-on pas longuement évoqué les « usines de la mort », expression terriblement chargée de technologie et d'efficacité capitaliste ? À l'inverse, dans l'Asie matérialiste contemporaine, l'innovation est souhaitable quasiment en elle-même. Existe-t-il pays plus technophile que la Chine, le Japon ou la Corée du Sud ? Aux États-Unis, le mélange de l'esprit entrepreneurial et de la mentalité protestante confère une connotation forcément positive de l'argent, surtout quand il émane de l'innovation. L'utilisation diabolique des technologies au XXe siècle a fait accoucher l'Europe

1. Un sondage publié par le Pew Research Center en 2016 a demandé aux populations de divers pays si ce qui comptait le plus pour eux était d'aider les gens dans le besoin ou de laisser les individus faire leur vie. Les Américains ont choisi la liberté totale à 58 %. En revanche, les Européens ont, en majorité, choisi la première réponse. C'est le cas des Britanniques qui sont donc plus européens qu'américains, bien qu'ils ne se perçoivent visiblement pas majoritairement comme ça, ce qui m'a plongé au début de l'été 2016 dans des affres de tristesse.

d'une sourde culpabilité qui mute sous forme de tentation de la décroissance et même de refus de se définir elle-même comme une civilisation, terme violent chez nous, à tel point qu'il en est presque interdit d'emploi par la bien-pensance. Le sociologue allemand Ulrich Beck définit l'Europe par le cosmopolitisme, c'est-à-dire par l'absence de contenu singulier en dehors d'une vague générosité envers les immigrés, encore que le comportement honteux de certains pays à l'égard des réfugiés syriens oblige à relativiser cette munificence[1]. C'est en raison de ces tourments identitaires que l'Europe peine à définir une politique étrangère. Les Américains, bien que militairement repliés sur eux-mêmes depuis les fiascos irakien et afghan, continuent de penser que leur message est universel. L'Europe, l'Allemagne surtout, est peu à son aise avec l'interventionnisme militaire, ce qui la place en difficulté au moment où les Américains se retirent de plusieurs théâtres d'opérations ou refusent d'assumer ce qu'on considérait il y a encore quelques années comme leur responsabilité de « gendarme du monde ».

L'Occident n'est pas homogène. Un regard affectueux vers l'Histoire, une solidarité publique prononcée, une extrême précaution quant au maniement des armes : voilà ce qui caractérise l'Europe et qui explique la dépense publique et la fiscalité parfois élevées, la difficulté à intégrer dans notre économie des innovations aussi radicales que celles liées aux NBIC, la

1. Ulrich Beck, *Qu'est-ce que le cosmopolitisme ?*, Aubier, 2006.

place de la réflexion sur l'éthique, parfois inhibitrice quand elle prend la forme extrême d'un principe de précaution constitutionnel appliqué avec zèle, mais aussi le rejet absolu du port d'arme ou de la peine de mort... Ces valeurs-ci ne sont pas universelles, c'est pour cela qu'elles nous sont propres, à la différence de l'humanisme ou de l'amour de la liberté dans leur acception la plus large. Pour reprendre le mot de Spinoza : « Ce n'est pas parce que nous jugeons qu'une chose est bonne que nous la désirons ; c'est inversement parce que nous la désirons que nous la jugeons bonne[1]. » Ce n'est pas parce que la solidarité publique est bonne que nous la désirons (peut-être la charité est-elle tout aussi estimable, c'est d'ailleurs ce que pensent les Américains), c'est parce que nous la désirons qu'elle fait partie de notre inattaquable contrat social, celui que nous voudrions protéger contre vents et marée. Cet exemple est éclairant : repenser l'État-providence nous renvoie à des questions de valeurs dont découlent les réformes techniques. Dans ces valeurs, il y a la justice. J'y reviendrai.

Ce grand tremblement des NBIC menace de secouer notre civilisation avec comme conséquence possible une déchirure de notre continent entre les anciens et les modernes ou une dissolution dans le post-humanisme, la réaction nationaliste ou religieuse. Je ne crois pas que notre civilisation puisse disparaître, mais elle peut

1. Spinoza, *Éthique*, III, scolies des propositions 9 et 39 résumées par André Comte-Sponville dans *Le Goût* de *vivre, op. cit.*

s'abîmer et décliner. Si j'étais américain ou arabe, je poserais la question dans les mêmes termes bien que le cadre soit distinct. J'ai présenté pour la première fois les conclusions de cet ouvrage lors d'une conférence au Maroc au milieu du printemps de 2016. Je voulais tester l'universalité de mes arguments. Mon discours sur la destruction créatrice, le nationalisme, le terrorisme, les valeurs et l'art a été reçu exactement comme il l'est en France. Si nous aimons notre civilisation quelle qu'elle soit, travailler à sa survie nécessite de définir les piliers spirituels et moraux à solidifier pour empêcher sa déchéance, non pas pour rester enfermés dans notre passé, mais pour entrer raisonnablement (avec tempérance) dans l'avenir.

Extension et déclin des civilisations

Parfois, la réflexion directe, sans aide extérieure, avec pour seul moteur une intelligence fraîche débarrassée d'*a priori*, peut être d'une redoutable efficacité. C'est ce qu'écrit Nietzsche, avec grand style (le grand style traduit, outre un goût bienvenu pour l'esthétisme, une grande intelligence), dans *Le Gai Savoir* :

> Nous ne sommes pas de ceux qui ne pensent qu'au milieu des livres et dont l'idée attend pour naître les *stimuli* des pages ; notre *ethos* est de penser à l'air libre, marchant, sautant, montant, dansant, de préférence sur

les montagnes solitaires ou sur les bords de mer, là où même les chemins se font méditatifs[1].

Mais bon, il n'existe pas une méthode unique. L'ignorance ne saurait en constituer une, et ce n'est évidemment pas là où Nietzsche veut en venir. Il est nécessaire de constituer son propre panthéon, de le fréquenter, et de réfléchir, en marchant, en courant ou en nageant. Mon panthéon personnel n'est pas infini. C'est une pièce remplie d'illustres morts : Schumpeter, Marx, Smith, Darwin, Nietzsche, Tocqueville, Popper, Arendt, Braudel, Toynbee... En dehors du panthéon s'affaire le monde des vivants : Ferry, Klein, Vargas Llosa... Pour réfléchir à cette question de la spiritualité et des valeurs sur lesquelles appuyer notre entrée dans le monde des NBIC, le naturaliste Darwin fait référence car il répond à cette question centrale de la biologie mais aussi des sciences humaines : quelles caractéristiques perd ou conserve un corps (biologique, social) quand il survit à la mutation de son environnement ?

Darwin devait être quelqu'un de bien. Je suis allé visiter sa maison à Downe, dans le nord du Kent. On y accède facilement de Londres par les transports en commun : d'abord le train puis le car. J'ai déjeuné, mal mais peu importe, dans le *fish and ships* dans lequel il jouait au billard (le Queen's Head, à côté de l'église). J'ai arpenté les mêmes sentiers que lui dans son jardin

1. Cité par Pascal Picq dans *La Marche : sauver le nomade qui est en nous*, Autrement, 2015.

à l'anglaise, la marche stimulant la réflexion, comme dit Nietzsche. La maison de Darwin respire le bonheur de vivre comme un *gentleman farmer* en Angleterre au XIXe siècle. Darwin part de ce que sait la science : les organismes vivants présentent des variations dont certaines sont visibles à l'œil nu (longtemps j'ai pensé que je préférais les filles aux yeux marron mais finalement non, je préfère les filles aux yeux bleus...). Dans l'Angleterre du XIXe siècle, où chaque gentilhomme se passionne pour les paysages, l'agriculture et l'élevage, Darwin s'intéresse au fait que les éleveurs pratiquent une sélection, faisant de l'agriculture l'activité la moins naturelle qui soit, contrairement à ce que pensent nos thuriféraires de la décroissance dont la « nature naturelle » est le seul horizon. Les éleveurs conservent les animaux de bonne qualité et les accouplent artificiellement. Cela prouve que la sélection des êtres vivants est possible. D'ailleurs, ce qui est pratiqué par les éleveurs l'est aussi par les horticulteurs, ce qui va orienter Darwin vers un chemin intellectuel à peine exploré : la nature pratique-t-elle elle-même ses propres sélections, indépendamment des tris et regroupements des éleveurs et des horticulteurs ?

La longueur du cou de la girafe a suscité, au XIXe et au XXe siècle, d'âpres débats entre les spécialistes des animaux. Surtout, ces débats montrent que le raisonnement biologique peut être transposé en raisonnement sociétal. Pour comprendre pourquoi les girafes ont un long cou et pourquoi c'est intéressant pour notre propos philosophique, il faut mentionner un autre grand scientifique qui a beaucoup écrit au tournant du XIXe siècle, avant Charles Darwin : le Français Jean-Baptiste de Lamarck. On doit à Lamarck d'avoir identifié l'évolution des espèces, ce qui était déjà révolutionnaire à son époque (il invente le terme « biologie », ce qui permet de dissocier cette discipline de la théologie). On lui doit également d'avoir expliqué cette évolution de manière, certes erronée, mais néanmoins pertinente, surtout quand on veut la transposer dans les sciences sociales. Pour Lamarck, il faut s'imaginer des girafes possédant toutes sortes de cous. Certaines, par hasard, en ont des longs, d'autres des moyens ou des minuscules. L'important, c'est la diversité, dans la nature comme dans la société ! À l'inverse, l'uniformité recèle bien des dangers, y compris la disparition de l'espèce. Imaginons, dans la forêt africaine, une sécheresse qui modifie l'environnement : seules les feuilles perchées en haut des arbres possèdent suffisamment de nutriments pour nourrir les girafes. Pour Lamarck, les girafes vont étirer leur cou, ce qui, au bout d'un certain temps, aura fait muter l'ensemble de l'espèce. La fonction crée l'organe et le caractère acquis se transmet. On appelle cette théorie « transformisme » et on la dit « intentionnelle », car il y a bien une transformation des girafes qui est souhaitée par l'espèce. Chez Darwin, seules les girafes qui ont un long cou survivent. Les autres meurent avant la puberté. Au bout du compte, seules les girafes à long cou ont pu se reproduire. Chez Darwin, il n'y a pas d'intentionnalité. L'environnement change et la nature sélectionne des variations avantageuses pour la reproduction des espèces, mais l'origine de ces variations peut être due au hasard. Vous voyez où je veux en venir. Il est toujours possible d'être darwinien, et de laisser faire la nature. Mais on peut être aussi lamarckien, c'est-à-dire identifier les caractéristiques pertinentes dans un monde qui mute, des valeurs par exemple, et les faire vivre. Fatalité d'un côté, raison et volonté de l'autre.

Darwin ne se doutait peut-être pas que sa théorie serait rapidement utilisée par les sciences sociales. C'est le prix Nobel d'économie autrichien Friedrich Hayek qui a su le mieux utiliser les apports du darwinisme pour l'étude des sociétés. Pourquoi la propriété s'est-elle partout imposée ? Pourquoi le marché s'étend-il ? Pourquoi la libre entreprise est-elle, dans de nombreux pays, plébiscitée ? La société laisse apparaître des variations ; ce sont souvent des règles morales d'actions qui diffèrent en fonction des groupes humains qui les emploient : idéologies, coutumes ou tabous... Souvent, on ne sait même plus pourquoi on les respecte. Elles se situent très exactement « entre l'instinct et la raison ». Hayek remarque que de nombreuses institutions, comme le langage ou le marché, sont le produit de l'action des hommes et non de leur dessein. Les institutions sociales sont souvent le résultat non intentionnel de nos actions. Des sociétés au fonctionnement complexe apparaissent sans que cela ait été planifié. Elles sont le fruit d'un processus évolutionniste d'essais et d'erreurs, de conservation de certaines règles, de rejet des autres. La sélection fait son œuvre : certaines règles sont suivies par de plus en plus d'individus. D'autres sont délaissées et sombrent dans l'oubli. Pour Hayek, on ne conserve pas intentionnellement une règle morale parce qu'elle nous semble juste ou liée à un bel idéal. On la garde car les groupes humains qui l'appliquent survivent alors que les autres disparaissent. Ce sont les règles qui sélectionnent les hommes et non l'inverse. Hayek est indispensable pour comprendre mais insuffisant pour construire un discours politique car comment, dans nos sociétés en quête de sens, s'en remettre à la seule liberté individuelle et au hasard des circonstances ? Comment construire un discours qui table simplement sur l'idée que nos traditions, si elles sont adaptées au monde qui vient, assureront la survie de notre civilisation ? Et si elles ne le sont pas, tant pis ? Nous ne rendrons pas la société ouverte aimable sans un récit qui explique pourquoi et comment la défendre.

Le risque d'effondrement des civilisations n'est pas théorique. Dans la période récente, l'ouvrage le plus commenté sur le sujet a sans doute été celui de Jared Diamond, *Effondrement*, qui avait suivi *De l'inégalité parmi les sociétés*[1]. Diamond est un matérialiste. Pour lui, l'enrichissement et l'appauvrissement trouvent toujours une cause ultime dans la géographie ou le climat. Une civilisation s'effondre en raison de son incapacité à prévoir et à s'adapter à une catastrophe climatique alors qu'elle aurait pu parer à ces dangers. Souvent,

1. *Effondrement* est paru en France en 2006 chez Gallimard ; *De l'inégalité parmi les sociétés* en 2000.

souligne Diamond, la dégradation environnementale est même endogène à une civilisation incapable de respecter la nature au sein de laquelle elle évolue. C'est ainsi, nous dit-il, que la civilisation de l'île de Pâques a sombré, comme les Mayas d'Amérique centrale ou les Anasazis du sud-ouest des États-Unis. L'un des enseignements les plus féconds de Diamond, c'est que les civilisations meurent plus par négligence et refoulement psychologique de leurs problèmes que par assassinat. Il y a pour Diamond une part d'intentionnalité qui porte sur la capacité des humains à regarder la réalité telle qu'elle se présente et à agir en conséquence.

Arnold Toynbee fut un intellectuel d'une exceptionnelle hauteur de vues. Son histoire du monde comme histoire des civilisations fécondera nos esprits pendant longtemps encore, tant ses idées font naître en nous des étincelles qui réveillent nos réflexions[1]. Il savait tout et voyait tout, à rebours de nos universitaires contemporains qui consacrent leur vie à l'étude de la représentation sur bois de la patte de mouche dans la Lozère orientale des années 1387-1391. Chez Toynbee, l'unité géographique de travail est la civilisation, et non la nation, entité administrative forcée forgée à coups de guerres dont il n'y a pas grand-chose à tirer. Pour lui, les civilisations naissent et meurent en fonction de leur capacité à relever les défis qui se présentent à elles. Il distingue soigneusement la notion de cause, dont les effets sont prédéterminés, à celle de défi, dont on ne sait à l'avance

1. Arnold Toynbee et Jane Caplan, *L'Histoire*, Payot, 1996.

comment il pourra être relevé. Le défi est souvent de nature agrotechnique (comment défricher les terres ou s'adapter au manque d'eau par exemple), mais il peut être religieux ou idéologique. Il est quoi qu'il en soit avant tout un défi à la créativité et à l'intelligence. C'est pourquoi il est relevé par une « minorité créative » qui peut réussir, ou pas, c'est là toute l'incertitude, à entraîner la société avec elle. Toynbee souligne que le progrès d'une civilisation ne réside pas seulement dans sa capacité d'innovation scientifique et technologique car, souvent, c'est l'organisation de la société elle-même qui doit s'ajuster. Nous y sommes !

Notre effondrement à nous prendrait la forme d'une plongée dans le nationalisme ou dans le fondamentalisme. Il ne serait pas définitif. Pour Toynbee, « les déclins ne sont ni inévitables ni irréparables ». Raisonnons en lamarckiens : bombardée par une pluie d'innovations, une civilisation survit en adaptant ses structures économiques, sociales et politiques. Mais comment s'adapter sans savoir pourquoi et comment ?

La survie d'une civilisation dépend de sa capacité d'adaptation à un contexte qui mute. La vague des NBIC est une réalité, considérons-la comme telle. Rien ne sert de se révolter contre ce qu'on ne peut pas changer. S'il faut tout réformer de fond en comble, État-providence, fiscalité, droit du travail... pour garder l'essentiel, nous devons le faire ! C'est ce que ne comprennent pas les conservateurs qui, à force de vouloir conserver, condamnent l'existence de ce à quoi ils tiennent et assassinent les valeurs auxquelles ils croient.

On peut penser comme Darwin et Hayek que l'intentionnalité ne conduit nulle part. C'est une forme de fatalisme. On se dit alors que le tsunami des NBIC va séparer le bon grain de l'ivraie : certains continents, certaines nations, certaines civilisations seront vivifiés par la vague. Leur économie progressera, leurs habitants seront plus nombreux et ils vivront plus longtemps et en meilleure santé. Et puis on peut penser et anticiper, en comprenant ce que l'on est. Je possède un patrimoine génétique, je suis le résultat d'une histoire : je ne surgis pas du néant. On n'échappe pas à ses gènes (ils nous déterminent partiellement, même si la thérapie génique pourra changer ça) et on évolue à partir de notre histoire (qui nous met en situation). Mais pourquoi et comment entrer dans l'ère NBIC sans laisser notre civilisation s'enfoncer dans l'extrémisme et le fondamentalisme ? Le marché du travail, l'État-providence, la fiscalité devront faire, ces prochaines années, partout, l'objet de changements profonds pour rendre l'économie et la société plus flexibles. Mais ces réformes ne seront pas acceptées si elles ne découlent pas d'un récit argumenté sur ce que nous voulons. Seule, l'innovation ne nous sauvera pas. La technologie et l'économie ne suffisent pas. La philosophie doit les compléter.

6

L'amour, la vertu et l'art sauveront le monde

La « demande de conservatisme » a besoin d'être canalisée vers des chemins qui n'empêcheront pas l'adaptation des sociétés ouvertes à la vague NBIC et qui tiendront la « révolution conservatrice » à distance. C'est à ce titre que la science économique a besoin d'être complétée d'une réflexion philosophique dans la tradition d'Adam Smith, de John Stuart Mill, de Max Weber et de Schumpeter. Nous vivons dans des économies libérales, et cette organisation économique a apporté aux pays qui l'ont adoptée une prospérité et un bien-être à nuls autres pareils. Nos désordres contingents de chômage ou de fiscalité trop lourde apparaissent comme secondaires si l'on songe à ce qu'était la vie matérielle décrite par Hugo ou Dickens. Ce n'est pas que ces problèmes soient légers pour ceux qui les supportent, mais nous pourrions les régler si une demande sociale nette s'exprimait en faveur d'une lutte résolue contre ces maux. Cela dit, ce que ne comprennent pas de nombreux libéraux, c'est que dans nos sociétés modernes la liberté ne suffit pas, même dans un pays prospère qui bénéficie du plein-emploi. L'inquiétude face aux NBIC ou le sentiment de dépossession démocratique existent en Autriche, en Suisse et même aux États-Unis autant qu'en France. La liberté est indispensable, bonne pour elle-même et efficace du point de vue économique, mais il faudrait être aveugle pour ne pas voir qu'un projet collectif est nécessaire à l'équilibre de nos sociétés. Cette complémentarité entre une économie libérale et un sens collectif a de tout temps été nécessaire. Mais les grandes mutations rendent ce besoin plus pressant car le vide laissé entre la construction laborieuse du nouveau monde et la destruction spectaculaire de l'ancien fait naître une angoisse qui profite aux extrémismes et aux fondamentalismes.

Certains auteurs jettent le bébé avec l'eau du bain libéral. Régis Debray regrette l'importation du modèle américain en France, modèle selon lequel c'est l'économie qui façonne la société[1]. Selon lui, le libéralisme économique comme unique projet d'une nation heurte la tradition et même la civilisation française puisque, chez nous, c'est l'État qui, historiquement, a dompté la société civile et les corporatismes, à l'inverse des États-Unis. Pour Debray, la déclaration d'amour du Premier ministre français Manuel Valls aux entreprises en 2014 illustre la victoire de l'utilitarisme sur les « idées supérieures » comme la nation ou la religion, victoire qui le révulse, comme il déteste le libéralisme. Il est vrai que

1. Régis Debray, *L'Erreur de calcul : les quatre vérités*, Éditions du Cerf, 2014.

les idoles comme la nation ou Dieu n'ont plus guère droit de cité chez nous. Que des fanatiques islamistes veuillent mourir pour Allah nous laisse bouche bée. Et qui est prêt à se battre jusqu'à la mort pour son pays ? Après les attentats parisiens du 13 novembre 2015, les réseaux sociaux ont vu fleurir des photos de jeunes gens attablés aux terrasses des cafés parisiens déclamant : nous n'avons pas peur. C'était sympathique, mais boire une bière en terrasse ne fait pas de vous un Jean Moulin. La tentation nationaliste est bien là, cependant elle n'incarne qu'une réponse à la peur de l'avenir et du changement. La nation est envisagée comme une fortification, mais elle a perdu le caractère sacré qui pouvait amener à accepter de mourir pour elle.

En Occident, il n'y a pas de charia pour contrôler l'« ordre économique », et la notion de « patriotisme économique » bricolée par quelques ministres français pour tenter de réveiller la croissance et l'emploi par la communication et sans faire de réformes est complètement utilitariste : il s'agit d'être protectionniste pour essayer de dynamiser l'économie (que la manière ne soit pas la bonne est sans objet ici), mais pas pour faire renaître la flamme sacrée de la France. L'économie doit s'intégrer à la philosophie dans un cadre libéral, en sachant que l'État ne peut pas mener une politique de planification, et sans faire appel aux idoles du passé comme la nation et la religion. Même l'idée de progrès, en Europe, a été largement dissoute par les guerres du XXe siècle et les catastrophes écologiques.

Tout notre défi intellectuel et politique est là : bâtir un discours spirituel et moral autour des NBIC, permettre à tous d'avoir la possibilité d'accéder à ces innovations, être bienveillant à l'égard des perdants de la destruction créatrice. C'est la condition *sine qua non* pour que soit acceptée cette mutation et que perdure notre art de vivre. D'ailleurs, nulle part dans le monde le discours de politique économique n'a pu devenir intégralement utilitariste. Les nationalistes comme Donald Trump ou Marine Le Pen avivent l'espoir de retourner vers le passé, de trouver une grandeur prétendument perdue. Il s'agit, comme dans le monde platonicien, de retourner de la réalité (qui diffère de la vérité) vers l'idée originelle : retrouver l'Amérique, retrouver la France. Mais, pour nous qui ne sommes pas nationalistes, cette réponse est inacceptable. Nous voulons bénéficier des NBIC et sauver nos civilisations de liberté, de solidarité et d'art de vivre. Il s'agit de donner un contenu au « pourquoi » et au « comment ». Le « pourquoi » est du domaine de la spiritualité et du salut : quel est le sens de la vie puisque nous sommes mortels ? Pour le dire prosaïquement : quel sens donner à la 5e mutation et à l'utilisation des NBIC ? Que faire de ce déferlement de technologie et de nouvelles activités économiques ? Le champ des valeurs morales encadre le « comment ». Il agit par la négative : quels sont les interdits ? Sa traduction politique concrète est la régulation, qui diffère de l'interdiction. L'interdiction est l'apanage des sociétés fermées. L'Europe a besoin de régulations incitatives qui laissent s'épanouir l'économie des NBIC.

L'encadrement réglementaire est parfois nécessaire, mais il doit relever de l'exception. Enfin, l'art n'est ni « pourquoi » ni « comment », mais « aussi ». L'art n'est pas une valeur. Il l'était peut-être durant l'Antiquité où le beau s'assimilait au bon. Mais depuis le christianisme et plus encore la philosophie humaniste des Lumières, on considère que la bonté émane des vertus morales de l'homme et qu'elle est liée exclusivement à ce qu'il fait. Le « beau » n'est plus forcément « bon ». L'art défini par Hannah Arendt est la sphère de ce qui est sans utilité. Il est le contrepoids indispensable à notre société de destruction créatrice à laquelle il apporte un repère de contemplation, de stabilité et de temps long. C'est l'indispensable force active dans un monde réactif qui casse le passé. Sens, valeurs morales, art : ces trois piliers nous donnent la résilience nécessaire pour nous épanouir dans notre « entre-deux-mondes » sans plonger dans l'obscurantisme nationaliste ou religieux.

Aimer

L'amour donne le sens. Le « souci des générations futures » remplacerait avantageusement « l'amour » car l'expression semble moins niaise, mais autant aller au cœur du sujet. Ce « souci » n'est pas venu de nulle part mais de la place croissante occupée par nos conjoints et nos enfants au long du XXe siècle. C'est Luc Ferry qui a tiré le plus loin les implications concrètes de cette

« révolution de l'amour[1] » qui, après l'humanisme des Lumières, a fait émerger un « deuxième humanisme » fondé sur la sacralisation de l'être humain. Le premier humanisme avait été élaboré de la Renaissance aux Lumières. Il mettait déjà au centre de sa philosophie l'homme et trouvait une traduction politique dans « l'éducation du genre humain » incarnée par l'école républicaine. L'origine du deuxième humanisme est datée : le salariat qui éloigne géographiquement du village natal et de la tradition. Le travail et l'urbanisation, perçus comme une aliénation par Marx, entraînent aussi une formidable libération intime : le passage du mariage arrangé par la famille au mariage choisi entre adultes libres. Le choix du conjoint fondé sur l'amour a débouché sur un amour des enfants plus intense que jamais, à tel point que l'enfant est devenu la figure sacrée de nos sociétés. Toute action qui toucherait à leur intégrité, du travail des enfants à la pédophilie en passant par le kidnapping, est considérée comme la pire chose qu'un être humain soit capable de faire, et toute la société est mobilisée pour l'éviter. Comme l'évoque souvent Luc Ferry avec humour, cette sacralisation est même excessive quand, dans un avion, un train ou un restaurant, le petit être infernal n'est pas remis à sa place par des parents trop admiratifs devant leur progéniture. Elle signifie aussi que le collectif s'efface au bénéfice de l'intime. Nous avons tous des amis

---

1. *La Révolution de l'amour* (Plon, 2010) est l'un des livres les plus importants de ces dix dernières années.

gauchistes qui rivalisent d'imagination pour contourner la carte scolaire et placer leurs enfants, au nom de l'amour, dans les établissements fréquentés par les bourgeois.

La famille ainsi entendue peut prendre bien des formes. C'est l'amour qui la définit, et ses seules limites résident dans des tabous irréductibles comme la polygamie ou l'inceste. Mais sinon, mariage ou non, homosexualité ou pas, adoption ou gestation pour autrui, ce ne sont là que des contingences. Ce qui ne l'est pas, contingent, c'est la place du conjoint ou des enfants dans nos vies. Nous ressentons ces liens au fond de nous avec une extraordinaire puissance qui vire à l'inquiétude (devant l'enfant fiévreux), voire au drame absolu (quand l'être aimé disparaît). Cette inquiétude, que l'absence de croyance dans un au-delà renforce, fait partie de nos vies et n'est que le reflet de l'amour que nous portons à nos proches. Et quand Ferry évoque une sacralisation, ce n'est pas un mot en l'air. Pour qui serions-nous prêts à mourir en dehors de nos enfants ? Franchement, les rares fois où j'ai pu craindre ma dernière heure arrivée, ce n'est pas à moi que j'ai pensé mais à eux : pourront-ils, sans moi, vivre heureux et construire leur avenir comme ils l'entendent ? Ma mort est un problème pour moi dans la mesure où il en est un pour les autres. La joie engendrée par l'amour est sans cesse altérée par la crainte de le perdre. Peut-être, la sagesse aidant, cette course entre la joie et l'inquiétude finira-t-elle par s'arrêter.

En attendant, que la sacralisation des enfants serve la réflexion sur l'avenir du monde et la politique, car aimer ses enfants, c'est s'ouvrir à leur monde et viser, espérons-le, l'universel. C'est en ce sens que le concept de « souci des générations futures » est le plus pertinent car il nous guide et nous oblige : à quoi doivent servir les technologies NBIC ? L'amour pose la question des finalités, celle du « pourquoi » qui nous a tant manqué pendant ces années où l'innovation n'a été qu'instrumentale. Le « monde de la technique » de Heidegger a placé l'économie mondiale sur pilote automatique, et bien souvent j'ai entendu des dirigeants d'entreprise me dire « nous innovons pour survivre », là où ils auraient dû mettre la survie de leur entreprise au service d'un projet. Ce terme de projet qui devrait remplacer celui de réformes, purement instrumental et employé par les gouvernements jusqu'à tout considérer comme une réforme, y compris un paramétrage secondaire du système de retraites par répartition. « Nous avons réformé les retraites ! » Abolissons le mot « réformes » et préférons celui de « projet » qui oblige à préciser les fins.

La vision instrumentale de l'innovation laisse un immense vide spirituel qu'il serait dangereux de ne pas combler si nous voulons protéger nos sociétés ouvertes. La transition qui mène au nouveau monde est suffisamment angoissante et même pénible pour nous obliger, nous les adultes, à nous projeter dans l'avenir. Comme le montre Ferry, l'amour et le souci des jeunes générations constituent les meilleurs principes pour redonner un sens à l'ordre technico-économique. Nos obsessions, comme parents, citoyens, dirigeants d'entreprise, responsables politiques, doivent toujours se concentrer sur ce que la 5e mutation peut apporter à nos enfants. Pourquoi supporter cette phase de destruction créatrice ? Pour le progrès, mais pas un progrès théorique, désincarné, auquel plus personne ne croit. Un progrès concret, qui améliore la vie matérielle, l'intérêt du travail, la santé, les relations entre les personnes. C'est ce à quoi doivent servir l'intelligence artificielle, le transhumanisme ou l'économie collaborative.

De ce principe d'amour découlent concrètement trois politiques publiques qui font sens et ne doivent pas être mises en œuvre simplement pour servir les entreprises ou la croissance. Elles visent un objectif plus haut. La première concerne le développement durable. Il est de notre devoir absolu de laisser à nos enfants et à leurs descendants une planète dont l'écosystème n'aura pas été dégradé (ou mieux, que nous aurons commencé à réparer). Ce devoir ne nous oblige pas vis-à-vis de la nature elle-même mais parce qu'elle est un outil pour nos enfants. L'expression « souci des générations futures » est d'ailleurs souvent employée par les partis écologistes. On pourrait ajouter le souci de ne pas léguer à nos enfants une dette publique, en plus de la dette écologique, insoutenable.

La deuxième conséquence politique de l'amour concerne l'éducation. Il est de notre devoir moral d'adapter nos systèmes d'éducation aux exigences de la 5e mutation. Nous savons énormément de choses sur l'école. Nous savons en évaluer la qualité, fixer les objectifs adéquats et les moyens de les atteindre. L'école est, après la santé, le second royaume de l'*evidence-based policy* : comme en médecine, il existe un consensus des spécialistes (économistes, sociologues, psychanalystes, neurologues...) sur la nature des mesures à prendre pour guérir le malade. On évoque même dans le monde anglo-saxon une « *evidence-based school* ». L'éducation a fait l'objet d'intenses recherches qui ont permis à l'OCDE de spécifier les compétences du XXIe siècle : plasticité, capacité d'interaction, initiative, esprit critique et créativité. L'acquisition de ces compétences n'est possible que si l'on sait lire, écrire et compter, si l'on sait se situer dans le temps et l'espace. C'est pourquoi chaque enfant, quelle que soit la condition sociale de ses parents, quel que soit son quartier, doit posséder ces aptitudes qui relèvent finalement d'une culture classique. Plus l'économie et la société changent, plus l'éducation doit mettre l'accent sur des compétences générales et même traditionnelles. Dans ce domaine, la prétendue modernité faite de pédagogisme ou de technophilie est terriblement ringarde.

La troisième politique publique est directement liée aux déclarations d'Elon Musk (le génial développeur de PayPal et Tesla), Stephen Hawking et Bill Gates en juillet 2015[1]. Ces trois illustres personnalités insoupçonnables de technophobie s'inquiètent de la

1. Voir par exemple Elon Musk, Stephen Hawking et Bill Gates, « Warn About Artificial Intelligence », *The Observer*, 19 août 2015.

nocivité d'une intelligence artificielle. Comme le souligne en particulier Bill Gates, dans un premier temps, une intelligence artificielle assurerait des tâches pénibles pour l'homme. Mais, au fil des progrès de la technologie, elle posera des problèmes insolubles pour nos cerveaux humains. Surtout, renchérit Hawking, une compétition pour la survie qui s'établirait entre les machines et les humains tournerait rapidement à l'avantage des ordinateurs en raison de leur puissance intellectuelle, puissance qui leur permettrait de tout savoir sur nous et de connaître nos volontés, notamment notre souhait de les débrancher si l'intelligence artificielle nous menaçait. Dans ce cas, les machines n'hésiteraient pas à utiliser toutes les armes à leur disposition pour nous détruire physiquement. Elon Musk évoque un « démon » qui exige dès maintenant une régulation mondiale. Musk est un entrepreneur brillant qu'il convient de prendre toujours au sérieux. La régulation de l'intelligence artificielle doit s'inscrire en amont de son développement plus encore que nous ne l'avons fait au XXe siècle avec le nucléaire. Nous manipulons le même genre d'objets. Libre à nous de les laisser dans des champs à ciel ouvert ou d'encadrer leur utilisation dans l'intérêt de nos enfants. Il ne fait nul doute que l'intelligence artificielle peut réaliser des merveilles pour guérir les malades, dépolluer les villes, aider les enfants à apprendre... Mais le laisser-faire déclencherait un principe physique de Le Chatelier à la puissance 10 qui rejetterait les peuples vers le fondamentalisme ou le totalitarisme et l'innovation n'aurait pas contribué à sauver le monde, au contraire.

Développement durable, éducation, régulation de l'intelligence artificielle : voilà les trois grands domaines politiques de la 5e mutation dont la définition découle, non pas d'une volonté instrumentale, mais d'une spiritualité qui donne du sens à nos vies : l'amour que nous portons à nos enfants.

Être vertueux

Pour tenir la barbarie à distance, la déstructuration économique doit être compensée par une reconstruction philosophique fondée sur l'amour qui donne le sens. Mais comment faire ? C'est la question à laquelle répond l'éthique qui encadre nos actions en distinguant les bonnes des mauvaises. De nombreux ouvrages, depuis 2 500 ans, tirent le fil des « vertus cardinales, ces vertus qui commandent les autres (en latin, *cardo* signifie « gond » : non vertueuse, la vie grince ou se bloque) : le courage, la justice, la tempérance et la prudence. Platon a sans doute été le premier à les énoncer dans le livre IV de *La République*. Ah, c'est le style de Platon où Socrate nous épuise à contredire perfidement dix fois le même argument. Je comprends que Nietzsche ait fini par le haïr. Mais l'essentiel est dans *La République* : pourquoi les bonnes vertus sont indispensables à la conduite du bon État. Aristote, dans *Éthique à Nicomaque*

(Nicomaque était son fils, l'amour...), affinera l'argumentation et distinguera les vertus morales comme le courage et les vertus intellectuelles comme la prudence. Cicéron assurera la transmission des vertus cardinales aux chrétiens (il meurt assassiné en 43 av. J.-C.), surtout saint Augustin dans son *Livre des mœurs de l'Église catholique et des manichéens* : « Si la vertu est le chemin du bonheur, que peut être la vertu sinon amour souverain pour Dieu ? » Je ne crois pas un mot de la théologie chrétienne, mais je la trouve souvent moralement profonde et surtout exprimée avec une grande poésie.

L'amour nous guide, les valeurs nous éclairent, comme dit André Comte-Sponville[1]. Je ne me perds pas dans la théorie. Si je cite Platon, c'est que *La République* me permet de parler au moniteur d'auto-école dont le métier va inéluctablement disparaître avec la voiture sans chauffeur, sacrifié sur l'autel du progrès. Oui, les aveugles pourront se déplacer grâce à leur voiture individuelle, quand ils le veulent et pour aller où ils le souhaitent. Mais ce moniteur d'auto-école a créé sa petite entreprise. Il a recruté deux personnes. Il paie ses charges et ses impôts. C'est un homme travailleur et honnête. Il est le contraire d'une mauvaise personne. Si l'innovation sauvera le monde, lui est perdu. Devant le vertige du monde qui vient, il est bien tenté de voter pour Marine Le Pen, la seule à lui promettre de le sortir du piège dans lequel la mondialisation et l'innovation l'ont enfermé. L'amour me projette dans

1. Cf. *Petit Traité des grandes vertus*, PUF, 1995.

l'avenir mais lui se soucie du présent. Les vertus cardinales, d'application immédiate, sont à ce titre plus opérationnelles que l'amour. Les valeurs complètent la spiritualité.

*Le courage (*andreia*)*

Le courage ne se suffit pas. Autant la justice est bonne en elle-même, autant le courage n'est une valeur qu'au service d'une autre, plus haute. Les kamikazes font preuve d'un certain courage. Plus en tout cas que ceux qui manipulent des bombes à distance. Mais qui pourrait admirer le courage de celui qui se fait sauter au milieu d'innocents ? Non, le courage dont je parle ici est le préalable (c'est pour cette raison que je cite cette vertu en premier) à la bonne politique, là où l'absence de courage conduit à la politique du pire. L'ironie de l'Histoire, c'est que l'extrême droite est encline à adresser des leçons de courage à nous autres les modérés. Eux auraient le courage de déclamer sur l'Europe, la mondialisation et les immigrés ce que, par lâcheté et par esprit de système, nous souhaiterions cacher. C'est en réalité exactement l'inverse. Eux promettent, par malhonnêteté ou ignorance, de revenir au monde d'avant qui pourtant n'existera plus. Ils promettent de stopper l'innovation et la mondialisation, choisissant la société traditionnelle contre la société ouverte. Leur erreur ou leur mensonge fondamental réside dans ce déni. La technologie se régule mais elle ne s'interdit pas. À partir du moment où une innovation rencontre un public, elle s'étend dans le monde entier comme l'eau se déverse sur le tapis. Aucune main ne peut la stopper. Aller contre cette vérité-là n'est pas volontarisme mais abus de personne fragile, le contraire d'un comportement vertueux.

Une autre forme de mensonge, plus douce, et ô combien utilisée dans nos démocraties, consiste à protéger à outrance nos amis moniteurs d'auto-école, en établissant des *numerus clausus* ou des obligations de formation aux nouveaux entrants. Les corporations crient mille fois bravo à cette démagogie et même, bien souvent, sont à l'origine de l'idée. Il n'existe pas meilleur exemple que les taxis qui croient lutter ainsi contre Uber. Mais nous, les consommateurs, nous voulons Uber ! Vous n'empêcherez pas la marche en avant de l'alliance de la technologie et de la volonté des consommateurs.

La vérité est la condition des bonnes politiques publiques, celles qui concilient au mieux l'efficacité et l'équité. Mais dire la vérité requiert du courage. J'aurais davantage d'aisance à dire à mon moniteur d'auto-école : « Nous allons interdire la voiture sans chauffeur » plutôt que : « Dans dix ans nous n'aurons guère plus besoin de moniteurs d'auto-écoles. » Mais comment alors le regarder dans les yeux ? Lui proposer une alternative d'un côté, lui faire miroiter le *statu quo* de l'autre sont deux termes antinomiques. La vertu courage nous dit lequel choisir.

La justice (dikaiosuné)

Je ne peux pas proposer l'interdiction de la voiture sans chauffeur mais je peux proposer la justice : protéger les individus et non les métiers. Dans un monde bouleversé, la justice est le repère stable par excellence. Il est celui que rien ne doit venir bousculer. C'est vrai des institutions comme de la notion. La justice est toujours importante. Elle est consubstantielle à la vie dès que l'on n'est plus seul. Mais dans cette période de tremblement que certains ressentent comme une angoisse, la moindre injustice est insupportable. La justice doit encadrer toutes les décisions prises dans le cadre de la cité.

Cette justice n'est pas l'égalité, comme l'a montré John Rawls au début des années 1970[1]. Répéter en boucle qu'on veut lutter contre les inégalités ne nous renseigne pas sur ce qui est juste. Découper l'ensemble des revenus ou des patrimoines en parts égales peut même être profondément injuste. La question posée par Rawls était d'une grande ambition : concilier la justice, la liberté et l'intérêt collectif. Cette triade disqualifie l'esclavage, pourtant considéré par les anciens comme juste (Aristote est très clair sur ce point). Mais qu'est-ce que la justice ? Rawls estime que nos déterminations économiques, intellectuelles, familiales sont trop envahissantes pour pouvoir répondre

1. John Rawls, *Théorie de la justice* (1971), Éditions du Seuil, 1987 ; Points, 2009.

honnêtement à la question. Le riche estime que la justice consiste à laisser chacun profiter du fruit de son travail ou du travail de ses parents. Et pour le pauvre, la justice c'est l'égalisation des revenus. Comment dégager un principe de ces termes contradictoires ? L'idée géniale de Rawls est d'introduire un « voile d'ignorance » qui place les citoyens dans leur « position d'origine ». Ce voile est une expérience de pensée qui doit faire oublier aux citoyens leur position sociale, comme si nous avions dû nous prononcer sur les principes de la justice avant de connaître la trajectoire sociale que devait emprunter notre vie. Le « moi » est injuste. Le raisonnement sur la justice impose d'essayer de s'en détacher quelques instants. Derrière ce voile d'ignorance parfaitement opaque, Rawls indique que trois principes seulement feraient l'objet d'un consensus : d'abord que la liberté de chacun s'étende jusqu'à ce qu'elle heurte la liberté des autres ; ensuite que les inégalités sociales permettent au plus pauvre de s'enrichir ; enfin que chacun dispose de la possibilité de monter dans l'échelle sociale. L'État est donc légitime pour assurer l'égalité des chances et l'ascenseur social. Rawls est libéral mais pas libertarien.

On a eu tendance à opposer un peu facilement John Rawls le libéral et Amartya Sen le progressiste. C'est à mes yeux une erreur, en tout cas une exagération. Certes leur méthode est différente puisque Rawls recherche les principes de la justice alors que Sen, en relativiste, croit que la recherche de ces principes est vouée à l'échec. Il préfère repérer les injustices les plus notoires, dont l'identification est généralement plus consensuelle[1]. Les combattre sera l'œuvre de la justice. Surtout, l'immense apport de Sen a été de ne pas se limiter aux ressources monétaires des individus mais d'étendre la notion de justice à la possibilité de les convertir en nouvelles libertés, ce qu'il appelle les « capabilités » (les « capacités à faire »). Pour Sen (mais en vérité Rawls est proche), le marché est nécessaire puisque sans lui aucune liberté n'existe. Mais il est insuffisant car il ne garantit pas la possibilité de construire sa vie. Une personne handicapée peut gagner suffisamment d'argent pour acheter un appartement mais s'il n'existe pas de normes pour handicapés, elle ne pourra pas l'habiter. La société est injuste à son égard. À l'inverse, la voiture sans chauffeur qui ne requiert pas de permis de conduire offre une « capabilité » de mobilité aux aveugles. Elle sert à ce titre la justice.

Cela ne consolera pas notre moniteur d'auto-école car, ce qui le scandalise, c'est l'injustice qu'il subit ou qu'il croit subir. La destruction créatrice n'est pas injuste en soi, mais l'absence de soutien aux personnes fragiles peut l'être. Rawls et Sen nous disent l'essentiel : liberté, ascenseur social, capacité à rebâtir une vie professionnelle, voilà ce que la communauté doit proposer à notre moniteur d'auto-école, je veux dire moralement :

1. Amartya Sen, *L'Idée de justice*, Flammarion, 2009.

— Une liberté d'entreprendre totale qui lui permette de transformer son entreprise ou d'en créer une autre. L'extraordinaire savoir accumulé par dix ou vingt ans de gestion d'entreprise peut être mis à profit dans bien des domaines.

— Un système de formation permanente (les Anglo-Saxons utilisent l'expression *lifelong learning*). Notre moniteur d'auto-école a cotisé toute sa vie pour la formation professionnelle. Il est créditeur de la collectivité. Les meilleures formations doivent être mises à sa disposition pour transformer son entreprise ou se reconvertir vers le secteur dans lequel il pense pouvoir réussir désormais.

— Une aide financière à la reconversion. Après tout, Sen a raison. Il n'est pas illégitime de donner un peu plus à ceux qui ont un peu moins, aux perdants de la destruction créatrice. Cela évacuerait les questions lancinantes et jamais réglées des rachats de licences de taxis et autres rentes que la technologie abat. C'est dans ce cadre philosophique que doit être posé le débat sur le « revenu d'existence » ou « revenu universel ». Cette politique, proposée de longue date par les libéraux, consiste à verser à chaque citoyen un revenu inconditionnel en remplacement des dizaines, voire des centaines d'allocations, indemnisations et autres revenus de transferts que nos État-providence ont empilés depuis plusieurs décennies. Je vais vous dire la vérité : je n'ai jamais réussi à savoir si j'étais pour ou contre le revenu d'existence. À l'heure du grand tremblement provoqué par les NBIC, c'est un bon débat, c'est certain.

La prudence (phronêsis)

La prudence est un principe d'action, encore faut-il l'entendre au sens des anciens et non au sens frileux des contemporains. La prudence, c'est assembler des moyens de la manière la plus intelligente pour atteindre une fin vertueuse. Comme le note Aristote, la prudence porte autant sur les moyens que sur le but. La prudence ne nous enjoint jamais de ne rien faire. Ce serait la confondre avec la précaution, du « principe de précaution » qui, dans les faits, procède souvent de l'interdiction. Nous, nous voulons entrer dans le monde des NBIC ! Mais... prudemment. Le « sois prudent » que nous adressons à nos enfants ne leur interdit pas de sortir. Il leur enjoint de ne pas boire (ou modérément, avec tempérance !) ou à tout le moins de rentrer en taxi. C'est au fond un principe d'intelligence et c'est bien de cette façon qu'il conviendrait de réinterpréter nos principes de précaution, souvent stérilisants surtout dans des pays comme la France où ils sont appliqués avec tout le zèle administratif dont une bureaucratie efficace est capable. La prudence détermine les bonnes fins et surtout les moyens intelligents de les atteindre. Cet accent placé sur les moyens la rapproche de l'éthique de la responsabilité de Max Weber. À quoi sert de viser les valeurs les plus hautes si c'est pour créer des désastres en chemin ? Il s'agit d'être pragmatique et humble contre les romantiques qui ne sont pas de vrais hommes d'action.

Soyons prudents vis-à-vis des GAFA qui pourraient nous imposer des normes éthiques qui ne sont pas les nôtres. Il n'est pas sûr qu'il soit « prudent » d'acheter une promesse d'immortalité. Il n'est pas prudent de laisser toute la place à ces entreprises, simplement parce que, chez nous, une fiscalité et une réglementation inconséquentes ont empêché des GAFA européens d'émerger.

Soyons prudents vis-à-vis des nostalgiques du monde d'avant qui haïssent la modernité et veulent protéger le passé qu'ils chérissent d'un avenir qu'ils n'aiment déjà pas. André Comte-Sponville parle de la prudence comme d'une « fidélité à l'avenir[1] ». Seuls l'intelligence et le goût du débat rationnel nous permettront de mettre en place les justes régulations qui sont sur le fil du rasoir. Soyons prudents et imposons aux fabricants de voitures sans chauffeur d'avoir réalisé des milliers d'heures d'essais à vide pour fiabiliser leurs algorithmes apprenants. Ouvrons progressivement des zones de circulation dédiées aux voitures autonomes et analysons. Ne soyons pas paranoïaques. La paranoïa mène à la précaution qui est un principe d'inaction. Mais sachons que l'innovation ne sauvera le monde qu'à la condition de la prudence.

1. André Comte-Sponville, *Petit Traité des grandes vertus*, *op. cit.*

*La tempérance (*egkratès*)*

La tempérance est l'une des grandes questions de ma vie parce que le goût du plaisir ne me laisse pas en paix. J'aime le vin, les voyages et les jolies filles. Il s'en faudrait de peu pour que je sois alcoolique, toujours parti et infidèle. Et en même temps, je sais que le plaisir disparaît avec l'absence de contrôle de soi. Cette vertu, elle m'obsède, surtout quand, tout juste entré dans un restaurant de Lisbonne, je commande une carafe de vin vert pétillant. La tempérance commande d'en laisser. Tant pis. La tristesse immédiate est payée du bonheur de l'estime de soi, laquelle serait impossible si je me laissais aller à mes instincts. Et surtout, ne confondez pas la tempérance et la santé. Une vertu ne se met pas au service de l'hygiénisme. Ce serait d'une tristesse ! Elle vaut pour elle-même.

Comment se comporter face à la vague d'innovations qui s'abat sur nous ? Paniquer et se sauver en courant ? Plonger tête baissée dans la vague en hurlant : « Vive le posthumanisme ! » ? Le premier comportement relève de la poltronnerie. Qui le revendiquerait ? Le second caractérise les têtes brûlées. Mais la témérité n'est pas une vertu, à la différence du courage. La tempérance est une attitude d'humilité à l'égard de la conduite de la politique. C'est le chef d'entreprise qui s'appuie sur une culture et une équipe pour transformer une organisation et mieux servir un projet collectif. C'est le dirigeant politique qui regarde l'avenir avec confiance, formule le but commun de la nation et opère les changements à effectuer avec raison mais sans passion. Il y a dans la tempérance l'amour du travail bien fait et réalisé en profondeur. La passion est nécessaire dans le domaine des arts, de l'amitié ou de la famille, mais c'est un poison dans le domaine social. Et là, je cite Popper car il est difficile d'être plus clair et profond :

> Le rationalisme se rattache étroitement à l'exigence d'une ingénierie sociale pratiquant la méthode du coup par coup appliquée à la rationalisation de la société, à une véritable planification contrôlée par la raison et opposant au pseudo-rationalisme platonicien un rationalisme socratique conscient de ses limites[1].

Platon est génial mais Popper s'en méfie car il voit en lui le premier penseur du totalitarisme comme retour à un âge d'or (revenir à l'idée originelle, forcément plus belle que la réalité, version dégradée de l'idée). À l'inverse, dans cette citation, Popper nous donne le mode d'emploi de la politique publique dans les sociétés ouvertes : réfléchir, faire, évaluer, retirer ou généraliser. La tempérance n'empêche pas le discours politique élevé. Mais elle en est l'indispensable complément.

La raison ne s'accommode que de la démocratie au sens large : la liberté de penser, d'exercer son esprit critique, de choisir à loisir ses dirigeants. Au contraire, la raison sans discernement (« j'ai raison », terrible

1. Karl Popper, *La Société ouverte et ses ennemis*, tome 2, *Hegel et Marx*, Éditions du Seuil, 1979.

expression – tiens, je réalise que je l'emploie dix fois par jour) vire au totalitarisme. C'est l'opposé de la tempérance. Contre Platon, Socrate nous donne l'antidote : la raison doit nous faire prendre conscience de nos limites. En ce sens elle doit éviter d'être totalisante. Seule la tempérance est raisonnable puisque la raison empiriste comme la conçoit Popper nous oblige à penser qu'on ne peut être sûr de rien, ce qui disqualifie par principe les extrêmes. Ainsi, le citoyen « raisonnable » doit s'abstenir, par principe, de voter à l'extrême ceci ou à l'extrême cela. Le bon dirigeant, politique ou d'entreprise, doit avancer en sachant que, dans ces temps de destruction créatrice, il a l'obligation du courage mais le droit à l'erreur.

Tu es moniteur d'auto-école et tu es rouge de colère parce que le monde, ça ne va pas. Google menace de faire disparaître ton métier. Le gouvernement est incapable. Les immigrés affluent comme si nous n'avions pas déjà nos soucis. L'Europe n'apporte aucune solution. Les syndicats bloquent tout. Oh, tu n'as pas tort. Les gouvernements, souvent, ne sont pas à la hauteur. L'Europe est devenue une triste bureaucratie et les syndicats sont ultraconservateurs. L'indignation, la colère et la peur sont des passions qu'on a bien le droit de ressentir, mais Marine Le Pen sera parfaitement inefficace pour contrer la Google Car. En revanche, elle sera parfaitement efficace pour briser l'acquis européen (il y en a un), limiter les opportunités économiques (le protectionnisme sert à cela) et sans doute brider quelques libertés publiques. Je pourrais dire à peu de chose près la même chose de l'extrême gauche. D'ailleurs, qu'est-ce que l'expérience de la gauche radicale a apporté à la Grèce à part une terrible désillusion ? L'extrémisme, l'inverse de la tempérance, est toujours une impasse, voire un recul.

La tempérance peut en revanche prendre la forme d'une participation au débat public. Facile à dire, répond ma femme. Toi tu t'exprimes à peu près où tu veux. Tu n'as pas besoin d'exutoire. Vrai, mais j'observe aussi une désertion du débat public de la part des jeunes (à part de notables exceptions) qui ont peur de s'exprimer. Quant aux dirigeants d'entreprise, ils sont le plus souvent tétanisés par le débat public (peur des actionnaires ? des clients ? de leur ombre ?). Je plaide depuis plusieurs années pour l'organisation de conférences de consensus sur les sujets où une régulation publique est notoirement nécessaire. Cette pratique s'est généralisée dans le corps médical à la fin des années 1970 aux États-Unis. Il s'agissait de définir le meilleur protocole de prise en charge pour une pathologie donnée. Au début réservées aux professionnels, elles se sont ouvertes aux patients puis à la population. Il serait formidable que le monde de l'économie ou de l'éducation, là où il nous faut bâtir de nouveaux projets, puisse convoquer de telles conférences pour proposer au gouvernement des mesures précises assorties de calendriers et d'études d'impact. Ce serait en théorie le rôle de l'université. Les *think tanks* œuvrent dans un sens positif mais certains souffrent parfois d'être teintés d'une coloration partisane. Des académies ou des réunions de syndicats professionnels pourraient organiser de tels événements, au niveau national ou, mieux, européen. N'attendons pas de l'État qu'il prenne de telles initiatives, lui qui, à un moment ou à un autre, les considérera comme une façon de restreindre sa liberté de choix. Il s'agit d'informer l'opinion publique et de placer l'État devant ses responsabilités en lui montrant que des évidences existent et qu'elles peuvent être consensuelles. La tempérance construit pierre par pierre. Il y a quelque chose de protestant en elle.

L'art véritable

Dans un environnement technologique, économique et social qui meurt pour laisser la place à un autre qui naît, l'amour doit guider nos projets et les valeurs bornent nos actions d'indispensables interdits. Mais amour et valeurs relèvent d'un monde immatériel. On décèle des manifestations de l'amour, du courage et de la justice, mais ces notions sont en elles-mêmes absentes du monde visible. Ce n'est pas le cas des œuvres d'art. L'art s'exprime dans un matériau sensible, peinture, pierre, encre, ondes sonores. L'art est physique. Il peut s'évaporer : les ondes musicales ne volent dans les airs que le temps d'un concert. Mais il ressuscite lorsqu'on rejoue ces œuvres et, dans le pire des cas quand l'œuvre d'art est détruite, le souvenir d'une existence qui fut matérielle demeure et se transmet. L'art n'est pas que pensée ou sentiment, c'est une réification sous forme d'objets concrets : livres, sculptures, tableaux, partitions... Définir ce qu'est une œuvre d'art est terriblement difficile, et c'est bien la raison pour laquelle les philosophes s'y emploient depuis Platon sans tomber d'accord. Les théoriciens institutionnels de l'art contournent la difficulté en introduisant une quasi-tautologie dont ils sont fort contents : une œuvre d'art n'est pas définie selon des jugements esthétiques universels mais par référence aux évaluations des praticiens et des théoriciens de l'art qui définissent leurs propres « conventions »[1]. Habile mais ce ne peut être la fin de l'Histoire.

Sans définir l'œuvre d'art, on peut remarquer ce qui la rend singulière : elle dure. Et cette durabilité concerne aussi bien la statue de Rodin que le poème de Villon, certes moins réifié que *Le Penseur* mais néanmoins transmis de siècle en siècle par l'écrit, la mémoire et la récitation. Et si l'art est le seul artifice qui dure, c'est pour une raison qu'a magnifiquement expliquée Hannah Arendt : l'œuvre d'art ne poursuit pas d'autre but qu'elle-même. Elle est simplement faite « pour le monde ». La science poursuit toujours un objectif, plus ou moins éloigné dans le temps. Elle doit être utile. La production d'un bien de consommation répond à une satisfaction explicitée ou devinée par celui qui le place sur le marché. À l'inverse, concevoir une œuvre d'art ne répond à aucun besoin matériel ou intellectuel.

1. Voir par exemple Arthur Danto, « Le monde de l'art », dans Danielle Lories (éd.), *Philosophie analytique et esthétique*, Méridiens Klincksieck, 1988.

Elle ne permet ni de boire, ni de manger, ni de se déplacer. Elle ne satisfait aucune soif de connaissance. Le plaisir qu'elle procure émane simplement de son existence. C'est cette caractéristique qui, dans un monde qui s'effondre, la transforme en point fixe. Être sans objet la rend éternelle. À la différence d'un bien de consommation, l'œuvre d'art ne disparaît ni avec l'usure ni avec l'extinction du besoin qui a motivé sa naissance. À la différence de la démarche scientifique, elle ne s'interrompt pas à la résolution d'un problème. Non, l'œuvre d'art est là pour toujours.

S'adressant au lecteur, Miguel de Cervantes termine le prologue de *Don Quichotte* ainsi :

> Je ne veux pas trop te vanter le service que je te rends en te faisant connaître un si digne et si notable chevalier ; mais je veux que tu me saches gré pourtant de la connaissance que je te ferai faire avec le célèbre Sancho Panza, son écuyer, dans lequel, à mon avis, je te donne assemblées toutes les grâces du métier qui sont éparses à travers la foule innombrable et vaine des livres de chevalerie. Après cela, que Dieu te donne bonne santé, et qu'il ne m'oublie pas non plus.

Don Quichotte constitue la quintessence de l'œuvre d'art, sinon comment expliquer que j'aie relu cette œuvre rédigée au début du XVIIe siècle trois ou quatre fois alors que j'aurais bien d'autres choses à faire, d'autres livres à découvrir ? Comment comprendre que j'en apprenne des paragraphes par cœur, célébrant leur beauté et leur humour, plus de 400 ans après leur enfantement ? C'est comme la Sicilienne du concerto en *ré* mineur de Bach. Quel miracle que cette esthétique née dans l'Allemagne austère de la première partie du XVIIIe siècle nous touche comme si elle était neuve ! Arendt éclaire ce mystère de l'art :

> Nulle part la durabilité absolue du monde des objets n'apparaît avec tant de clarté, nulle part, par conséquent, ce monde d'objets ne se révèle de façon aussi spectaculaire comme la patrie non mortelle d'êtres mortels[1].

J'ai dû attendre de lire Arendt pour comprendre pourquoi la destruction de Palmyre avait suscité tant d'émotion dans le monde, une émotion peut-être plus importante, plus triste, que le drame humain subi par les Syriens. C'est que les barbares de Daech, en s'attaquant à l'art, ont voulu détruire l'éternité humaine, notre « patrie non mortelle ».

Des structures économiques et sociales meurent pour laisser la place à d'autres. Ainsi sont rythmés les grands cycles économiques. Que l'art naisse dans un contexte donné n'invalide pas la conception de l'œuvre comme un point fixe, y compris si l'on considère que ce contexte a une influence sur l'œuvre elle-même. *Don Quichotte* est un livre qui pleure la fin d'un monde, comme les NBIC détruisent les Trente Glorieuses. Marx adorait le roman de Cervantes qui

1. Hannah Arendt, *Condition de l'homme moderne*, Pocket, 1983.

raconte le destin d'un homme perdu vivant encore au temps des chevaliers alors que ce monde-ci s'est écroulé, tué par l'avènement du monde bourgeois. Don Quichotte est ridicule comme les jeunes Français qui manifestent contre la flexibilité du marché du travail. L'œuvre d'art peut présenter ce caractère « documentaire » fort bienvenu. Mais, écrit Arendt :

> Même si l'origine de l'art était d'un caractère extrêmement religieux ou mythologique, le fait est que l'art a glorieusement résisté à sa séparation d'avec la religion, la magie et le mythe.

Les vitraux d'une église gothique nous renseigneront peut-être sur les outils utilisés par les artisans au Moyen Âge. Mais on les admire aussi pour leur beauté. C'est la contemplation qui trace un trait d'union entre toutes les époques. Le plaisir désintéressé est éternel. «*A thing of beauty is a joy forever*», écrit John Keats. *Ready-made* de Duchamp s'éclaire ! En plaçant un urinoir dans un musée, il lui retire son utilité, non simplement par humour, mais avec profondeur pour tester sa capacité à être seulement esthétique et donc éternel. Il n'est pas certain qu'il ait réussi, mais la tentative était louable. À l'inverse, ce balourd de Pierre Pinoncelli, en urinant dans l'urinoir, est un amuseur vulgaire mais pas un artiste.

Ce qui m'intéresse, c'est pourquoi l'art est une étoile du Berger dans ce monde qui change. À cet égard, les vicissitudes du marché de l'art ne changent pas grand-chose. Ce qui est beau l'est indépendamment de l'état du marché. Ce qui doit durer restera. Le marché introduit simplement une distance entre la valeur esthétique, difficile à estimer, et le prix de marché, brutalement synthétisé dans un chiffre, jugé par la critique toujours trop bas ou toujours trop haut. Les artistes vivent mal cet écart, eux qui considèrent que la valeur esthétique de leur œuvre tend vers l'infini alors que la valeur de marché qui détermine leurs revenus leur permet à peine de se nourrir. Par jalousie et refoulement des mécanismes du marché, ils considèrent Damien Hirst, Jeff Koons ou Jasper Johns comme des usurpateurs. Mais seul le passage du temps séparera le bon grain de l'ivraie, indépendamment du prix d'aujourd'hui. Seul le temps révèle l'œuvre d'art puisque c'est ainsi qu'elle est correctement définie.

S'il existe une « demande » d'art particulièrement intense dans ces temps de destruction créatrice, les entreprises tirent depuis longtemps un avantage à esthétiser les objets. Gilles Lipovetsky n'est pas du genre à encenser le capitalisme. Il y voit un système à épuiser le climat et les individus. Mais il met à son crédit l'esthétisation du monde[1]. Pour lui, si le XIXe est le siècle des grands magasins, de la mode et des concerts, c'est parce que, dans un monde libéral, les entreprises perçoivent l'intérêt qu'elles ont à fabriquer de belles choses, meubles, appareils, emballages

1. Gilles Lipovetsky et Jean Serroy, *L'Esthétisation du monde*, Gallimard, 2013.

alimentaires, et même à « vendre » des produits ou des services artistiques. Pour Lipovetsky, la tendance s'est accélérée au XXe siècle où le design a tout emporté : même les rouleaux de papier-toilette sont beaux. Le capitalisme et l'esthétique ne sont plus deux champs séparés mais se fondent en un unique univers, ce qui présente un aspect positif : la beauté pénètre dans nos vies. Il suffit de regarder la ligne et les couleurs d'un iPhone pour s'en convaincre. Certains pourront s'en inquiéter : l'esthétique est absorbée par la marchandisation. Tout devient beau, mais l'art s'efface puisque, par définition, il ne peut être mis au service d'un bien de consommation, par essence périssable. On peut toujours penser, à la façon des *ready-made* de Duchamp, qu'en présentant un bien de consommation dans un musée on isole sa part artistique, mais cette part est souvent réduite à la portion congrue. Très bien, la beauté des iPhone ! Mais nos contemporains n'ont pas besoin d'un simple divertissement esthétique. Il faut leur proposer de l'art pour canaliser leur demande de conservatisme, pour les extraire du tourbillon de leur vie sociale, pour leur offrir de la durée. Parents, amenez vos enfants aux expositions de Poussin ou Vélasquez et faites-leur écouter Schubert et Mozart. Ce n'est pas réactionnaire, au contraire. La contemplation des œuvres d'art éprouvées est un marchepied pour entrer dans l'avenir.

Le philosophe britannique Roger Scruton n'exprime pas autre chose dans son panégyrique de la beauté et de la puissance du mouvement néogothique dans l'Angleterre du XIXe siècle[1]. J'ai vraiment compris ce que Scruton voulait dire dans un salon de thé de Manchester, un jour d'été diluvien où, pour me réchauffer, outre le thé servi flanqué d'un sablier pour que l'infusion soit parfaite, j'avais commandé un immense gâteau vert et rouge comme on en trouve en Angleterre mais rarement en France. La diététique reste dans la rue inondée, mais c'est le prix d'un réconfort immédiat face au déluge. Derrière la vitre, je regardais l'hôtel de ville achevé par Alfred Waterhouse en 1877, archétype de l'architecture néogothique. Ensuite, j'allai travailler à la bibliothèque John-Rylands, espèce de grosse église gothique ouverte au public en 1900. Le goût de Manchester au XIXe siècle pour le *revival* gothique n'est pas le signe d'une réaction globale à la modernité mais de la volonté de conserver des traces d'une esthétique classique dans une ville en métamorphose. Manchester incarne la mutation du XIXe siècle. Cette ville, certainement celle à laquelle je me suis le plus attaché, a été industrielle, syndicaliste, féministe, punk et *new wave* avant les autres. Elle est toujours en avance. Entre un monde qui naît et un ancien monde qui meurt, nous avons besoin de contempler la beauté qui donne le sentiment de l'éternité introuvable ailleurs. C'est peut-être pour cela qu'à la Manchester Art Gallery, dans cette ville où la destruction créatrice va plus vite qu'ailleurs, on peut voir, aujourd'hui, des Gainsborough, des

1. Roger Scruton, *How to Be a Conservative*, Featherstone Education, 2015.

Turner, des Gauguin et des Renoir. Au XIXe siècle, John Ruskin et son continuateur socialiste William Morris durent leur notoriété au fait d'avoir compris que le combat de la classe ouvrière n'était pas seulement une lutte pour de meilleurs revenus mais aussi pour l'accès à la beauté. Leur esthétisation des choses n'était pas que marchande. Un papier peint de William Morris s'admire aujourd'hui indépendamment de sa condition de papier peint, à la différence d'un iPhone qui, bien que beau, n'est qu'un iPhone.

L'art contemporain, les performances, la musique atonale, tout cela n'est pas forcément disqualifié par mon raisonnement. Encore que. C'est moi le libéral qui juge que l'art et le capitalisme doivent demeurer deux états d'esprit distincts ! Car, c'est bien là le drame, l'art contemporain a adopté toutes les valeurs du capitalisme : recherche de l'innovation permanente (voire de la provocation), quête de l'efficacité et du profit (sinon pourquoi Koons dirigerait-il une entreprise ? Il ferait tout lui-même), obsession technologique (Ron Mueck et la plasticine), démocratisation (les musées fleurissent). Très bien, mais, comme me le fait remarquer mon ami l'économiste Pierre Bentata, les mêmes causes produisent les mêmes effets : comme il est difficile de trouver du sens dans l'évolution du capitalisme contemporain, l'art contemporain n'est pas, pour le public, ce référentiel centré sur l'esthétique et l'arrêt du temps.

La défense de l'art classique chez Nietzsche relève d'une idée assez proche. Nietzsche aimait Rameau mais détestait les romantiques pour une raison qui découlait de sa philosophie. L'art classique ordonne les forces esthétiques et dompte les formes, les couleurs et les sons. Au contraire, l'art romantique est tourmenté, voire déchiré. Quand le monde est lui-même, au sens nietzschéen, réactif, quand l'innovation économique, sociale, sociétale ne fait pas qu'ajouter un monde (l'innovation serait alors une « force active ») mais en assassine un ancien (l'innovation est « force réactive »), ne devons-nous pas trouver dans l'art ce que nous perdons dans notre vie matérielle ? Ne serait-ce pas là l'explication du retour à la musique tonale quand plus personne ne veut de la musique dodécaphonique ou sérielle ? Je parie que dans cent ans on écoutera encore les récentes symphonies de Philip Glass, les opéras de John Adams et les concertos de Karol Beffa. Le succès de compositeurs comme Dustin O'Halloran, Hauschka, Nils Frahm ou Ólafur Arnalds montre qu'une musique qui recherche la beauté, mais une beauté différente de celle de la musique classique, une beauté renouvelée, touche un large public. Mais qui déjà écoute encore Boulez à part quelques spécialistes plus intéressés par la démarche que par l'esthétique du compositeur ? C'est le concept qui leur plaît. Pas l'œuvre. Nous avons besoin de beauté. La compréhension du monde, c'est dans l'économie et la philosophie que nous la trouverons, des disciplines indispensables en nos temps troublés, mais qui ne nous apporteront pas la contemplation du beau.

Conclusion pour nos enfants

Face à la mutation dans laquelle nous sommes entrés il y a une quinzaine d'années et qui va durer encore aussi longtemps, nous tremblons d'effrois mal placés. Nous craignons la fin du travail. Mais la mutation en cours peut être formidablement stimulante pour l'économie et libérer le travail pour une prospérité mieux partagée. Ce n'est qu'une question d'adaptation de nos politiques économiques qui doivent favoriser l'épargne risquée, l'innovation, la flexibilité et la formation. Tous les pays que j'ai visités ces dernières années en sont capables, quand ils n'ont pas déjà mis en œuvre ces politiques. Nous nous alarmons face au réchauffement climatique. À juste titre, mais nous sous-estimons notre capacité collective à protéger la planète et les écosystèmes. Le transhumanisme nous épouvante alors que nous luttons depuis des dizaines de milliers d'années pour vivre mieux, plus longtemps et plus intensément. Nous avons la phobie des solutions mais ne voyons pas venir le vrai risque, celui d'une société déchirée entre les anciens et les modernes, celui d'une ultramodernisation désincarnée, sans but, qui fera vomir une partie de la population. Déjà, nous discernons les prémices de ce rejet de la société ouverte avec la montée du nationalisme, de l'extrémisme et du terrorisme. Mais ces monstres sont sur le point de prospérer bien plus rapidement et de condamner notre art de vivre. À long terme, la société ouverte gagne toujours mais, en attendant, combien de drames ? Combien de violence ? Combien de pauvreté ? Avons-nous vraiment besoin de ces maux ?

Des préceptes énoncés dans les pages qui précèdent, on peut déduire une liste de propositions de politiques publiques : baisser les tarifs dans les musées, ouvrir des conservatoires, distribuer des chèques-éducation, réformer la formation continue... Prendre ces mesures est absolument nécessaire mais je préfère être plus concret. Nous sommes des citoyens, libres de voter et de nous exprimer publiquement. Mais nous pouvons aussi agir dans le cadre de notre vie privée. J'ai noté, ces dernières années, la gratitude des personnes quand, après une conférence d'une heure sur l'économie et la société, j'évoque le sens de la vie, le rôle de l'art ou l'éducation des enfants. C'est émouvant et encourageant. En même temps, cette attente montre que mes concitoyens sont désorientés, entre une économie qui se meut trop vite, un personnel politique dépassé et des enfants qui passent leur vie les yeux rivés sur des écrans. Beaucoup sont perdus, et cela explique en partie la consommation de livres sur le développement personnel. Loin de moi l'idée de regarder ces ouvrages avec mépris, j'en achète parfois et il peut m'arriver de les trouver instructifs. Simplement, la méditation et le yoga ne permettent pas de comprendre le monde. Or, comment peut-on se sentir mieux dans un environnement qui reste mystérieux et donc anxiogène ? L'alliance entre l'économie et la philosophie est plus puissante car il s'agit tout à la fois de comprendre et d'agir pour essayer collectivement d'orienter la marche du monde et, individuellement, de mieux vivre ou, comme disent les philosophes, de vivre avec sagesse.

J'ai été infiniment touché quand, lors d'une séance de dédicaces à Strasbourg, une jeune femme m'a demandé d'écrire sur l'un de mes précédents ouvrages[1] un mot destiné à sa fille de 5 ans. Ce micro-événement m'a incité à terminer ce livre en évoquant nos enfants. Comme je l'ai dit, l'économie et la philosophie permettent de mieux vivre soi-même, dans un monde plus clair et dans lequel nos capacités d'action sont identifiées. Mais il s'agit aussi d'influencer l'avenir, ce qui passe notamment par l'éducation des enfants. L'expression « Éducation nationale » est à ce titre trompeuse car, si l'Enseignement peut être national, l'éducation est en grande partie donnée par les parents. Or, sans éducation, point d'enseignement possible. C'est la raison pour laquelle les échecs que l'on impute

1. Il s'agissait de *On entend l'arbre tomber mais pas la forêt pousser*, le point de départ de la réflexion sur la 5e grande mutation qui m'a mené jusqu'au présent livre, qui en constitue peut-être le point final. Non pas que le sujet soit épuisé, mais la vie est courte, et j'ai bien d'autres choses à écrire.

un peu vite à l'Éducation nationale sont souvent en réalité ceux de la famille. Il n'est point dans ce propos d'acquittement des responsabilités de l'école, mais un partage plus juste.

Je suis moi-même père de famille, et jamais je ne donnerai de conseils. Je sais trop la précarité de la trajectoire des enfants qui nous conduit à considérer après coup comme catastrophique une éducation dont, sur le moment, nous étions fiers. Je ne délivre pas une leçon mais le fruit de la réflexion qui précède et qui m'a bien occupé ces dernières années, sans certitude, pour une fois, d'avoir raison. Déjà, il me semble que dans ces périodes de mutation la transmission revêt une importance particulière. Les parents doivent transmettre le flambeau de l'ancien au nouveau monde en s'efforçant de transmettre le meilleur. Ainsi, il convient de passer du temps avec les enfants. Cela n'est pas toujours facile car nous avons des vies bien occupées. Quant à moi, j'ai trouvé l'astuce : je les emmène souvent avec moi quand je travaille. J'observe avec amusement les réactions. Elles sont presque toujours surprises, souvent gentiment envieuses. Dans les médias, cela ne pose en général aucun souci. Les journalistes sont habitués à évoluer dans toutes sortes de milieux, c'est leur métier. Je me rappelle quand même la frayeur d'un journaliste d'Europe 1 quand, il y a quelques années, j'avais assis ma fille juste à côté de moi dans le studio (elle devait avoir 3 ans), son visage à proximité du micro. Les entreprises vantent leur modernité mais bien souvent elles reproduisent les schémas de la société traditionnelle. Je me souviens d'être arrivé au siège de la SNCF, dans le nord de Paris, avec mes enfants, pour y donner une conférence. Un butor féminin me dit, mâchoires serrées : « C'est un espace de travail, ici. » J'ai remis les enfants dans un taxi, omettant de m'y installer moi-même aussi. Ce jour-là, j'ai manqué de courage.

Nos enfants sont obsédés par les tablettes, les smartphones, YouTube et des jeux, nombreux, d'un intérêt inégal. C'est une façon d'entrer dans la société ouverte qui n'est pas répréhensible en soi si l'accès au monde de nos enfants ne s'y limite pas. Cette modernité technologique peut être merveilleuse si elle est accompagnée d'une culture classique. La technologie, à elle seule, ne vaut rien. Soumise au souci des autres, aux valeurs cardinales, à l'esthétisme, elle vaut de l'or. C'est exactement la raison pour laquelle j'avais publié dans la presse courant 2015 plusieurs articles hostiles à la réforme des programmes des collèges français, réforme qui diminue la place des langues anciennes. À la limite, apprendre le grec ou le latin est plus important que le code informatique, ce que n'importe quelle intelligence artificielle pourra faire bientôt. Nous devons toujours penser à cela : dans quelle mesure nous autres, humains, sommes complémentaires de la machine la plus performante qui soit ? Laissez vos enfants jouer sur des smartphones ; achetez-leur un casque de réalité augmentée ; et qu'on leur apprenne le code informatique si c'est aussi utile qu'un ministère le prétend (j'en doute). Mais faites-leur écouter Bach et Vivaldi, emmenez-les voir

Vélasquez et Rembrandt, inscrivez-les aux cours de grec et de latin. À l'heure de la 5e grande mutation, ce n'est pas être réactionnaire qu'agir ainsi. C'est être réaliste et progressiste. Et, s'il vous plaît, cessez de leur dire que ce monde est mauvais. C'est faux et ce n'est pas leur rendre service que de leur faire croire que le meilleur était avant. Pour finir, méditons Montaigne : « Pour moi donc, j'aime la vie et la cultive telle qu'il a plu à Dieu de nous l'octroyer[1]. » Je ne suis pas croyant. Et alors ?

1. Dans le 3e livre des *Essais*.

Bibliographie

OUVRAGES

Philippe Aghion et Steven Durlauf, *Handbook of Economic Growth*, Elsevier North-Holland, 2005.
Robert Allen, *The British Industrial Revolution in Global Perspective*, Cambridge University Press, 2009.
Hannah Arendt, *Condition de l'homme moderne*, Pocket, 1983.
Jean-Charles Asselain, *Histoire économique de la France du XVIIIe siècle à nos jours*, Éditions du Seuil, 1984.
Ulrich Beck, *Qu'est-ce que le cosmopolitisme ?*, Aubier, 2006.
André Comte-Sponville, *Petit Traité des grandes vertus*, PUF, 1995.
—, *Le Goût de vivre : et cent autres propos*, Albin Michel, 2010.
Aristote, *Politique*.
Nicolas Chevassus-au-Louis, *Les Briseurs de machines : de Ned Ludd à José Bové*, Éditions du Seuil, 2006.
Byung-Chul Han, *Dans la nuée : Réflexions sur le numérique*, Actes Sud, 2015.
Collectif, *What's Up with Catalonia ?*, Catalonia Press, 2013.
Régis Debray, *L'Erreur de calcul : les quatre vérités*, Éditions du Cerf, 2014.
Jared Diamond, *De l'inégalité parmi les sociétés. Essai sur l'homme et l'environnement dans l'Histoire*, Gallimard, 2000.
—, *Effondrement. Comment les sociétés décident de leur disparition ou de leur survie*, Gallimard, 2006.

Luc Ferry, *La Révolution de l'amour : pour une spiritualité laïque*, Plon, 2010.
—, *La Révolution transhumaniste*, Plon, 2016.
François Guizot, *Histoire générale de la civilisation en Europe*, 1838.
Cynthia Fleury, *Dialoguer avec l'Orient*, PUF, 2003.
Francis Fukuyama, *La Fin de l'Histoire et le Dernier Homme*, Flammarion, 1992.
Alvin Hansen, *Full Recovory or Stagnation ?*, W. Norton & Company, 1938.
Elhanan Helpman, *General Purpose Technologies and Economic Growth*, MIT Press, 1998.
Étienne Klein, *Galilée et les Indiens : allons-nous liquider la science ?*, Flammarion, 2008.
Alexandre Koyré, *Du monde clos à l'univers infini*, Gallimard, 1988.
Thierry Lévy, *Plutôt la mort que l'injustice : au temps des procès anarchistes*, Odile Jacob, 2009.
Gilles Lipovetsky et Jean Serroy, *L'Esthétisation du monde*, Gallimard, 2013.
Bruno Marzloff, *Sans bureau fixe. Transitions du travail, transitions des mobilités*, Fyp Éditions, 2013.
Montaigne, *Essais*, 1580.
Fernand Mourret, *Histoire générale de l'Église. La Renaissance et la Réforme*, Bloud et Gay, 1914.
Friedrich Nietzsche, *Aurore. Réflexions sur les préjugés moraux*, 1881.
Pascal Picq, *La Marche : sauver le nomade qui est en nous*, Autrement, 2015.
Karl Popper, *La Société ouverte et ses ennemis*, tome 2, *Hegel et Marx*, Éditions du Seuil, 1979.
Jean-Paul Rabaut Saint-Étienne, *Considérations sur les intérêts du tiers-état*, 1788.
Michel Ragon, *Histoire mondiale de l'architecture et de l'urbanisme modernes*, Casterman, 1986.
John Rawls, *Théorie de la justice*, Éditions du Seuil, 1987 ; Points, 2009.
Jeremy Rifkin, *La Troisième Révolution industrielle*, Les Liens qui libèrent, 2012 ; Babel, 2013.

—, *La Nouvelle Société du coût marginal zéro*, Les Liens qui libèrent, 2014 ; Babel, 2016.
Saint Augustin, *Livre des mœurs de l'Église catholique et des manichéens*.
Walter Scheidel et Sitta von Reden, *The Ancient Economy*, Routledge, 2002.
Joseph Schumpeter, *Capitalism, Socialism and Democracy*, Harper & Row, 1942.
Roger Scruton, *How to Be a Conservative*, Featherstone Education, 2015.
Amartya Sen, *L'Idée de justice*, Flammarion, 2009.
Adam Smith, *La Richesse des nations*, 1776.
Spinoza, *Éthique*, 1677.
Paul Sweezy, *The Theory of Capitalist Development : Principles of Marxian Political Economy*, Monthly Review Press, 1942.
Alvin Toffler, *Le Choc du futur*, Gallimard, 1987.
Arnold Toynbee et Jane Caplan, *L'Histoire*, Payot, 1996.
Guy Vallancien, *La Médecine sans médecin ? Le numérique au service du malade*, Gallimard, 2015.
Mario Vargas Llosa, *Les Enjeux de la liberté*, Gallimard, 1997.
Clément Vidal, *The Beginning and the End : The Meaning of Life in a Cosmological Perspective*, Springer, 2014.
Michel Winock, *La Belle Époque*, Perrin, 2003.

ARTICLES ET CONFÉRENCES

Chris Anderson, « The End of Theory : The Data Deluges Makes the Scientific Method Obsolete », *Wired*, 23 juin 2008.
Jean-Noël Biraben, « L'évolution du nombre des hommes », *Population et Société*, n° 394, octobre 2003.
Collectif, « Naturally Occurring p16(Ink4a)-Positive Cells Shorten Healthy Lifespan », *Nature*, n° 530, février 2016.
Arthur Danto, « Le monde de l'art », dans Danielle Lories (éd.), *Philosophie analytique et esthétique*, Méridiens Klincksieck, 1988.

Pierre-Antoine Delhommais, « Le sermon des aigris », *Le Point*, 14 avril 2016.
Alexandre Devecchio, « Démission d'Aléxis Tsípras, division de la gauche radicale : le dessous des cartes par Jacques Sapir », lefigaro.fr, 21 août 2015.
Jan de Vries, « Population », dans *Handbook of European History, 1400-1600 : Late Middle Ages, Renaissance and Reformation*, 2 vol., Brill, 1994.
Pierre Dockès, « Les débats sur la stagnation séculaire dans les années 1937-1950 : Hansen-Terborgh et Schumpeter-Sweezy », *Revue économique*, n° 66, mai 2015.
Robert Gordon, « Is U.S. Economic Growth Over ? Faltering Innovation Confronts the Six Headwings », NBER, Working Paper 18315, août 2012.
John Maynard Keynes, « Some Economic Consequences of a Declining Population, *The Eugenics Review*, 1937.
Olivier Roy, « Le djihadisme est une révolte générationnelle et nihiliste », *Le Monde*, 24 novembre 2015.
Elon Musk, Stephen Hawking et Bill Gates, « Warn about Artificial Intelligence », *The Observer*, 19 août 2015.
Alessandro Orsini, « Idéologie et terrorisme », *Commentaire*, n° 153, printemps 2016.
Lawrence Summers, « Why Stagnation Might Prove to Be the New Normal », *Financial Times*, 15 décembre 2013.
—, « Washington Must not Settle for Secular Stagnation », *Financial Times*, 5 janvier 2014.
Pierre-Henri Tavoillot, « La philosophie politique de l'État islamique », latribune.fr, 1er décembre 2015.
Guy Vallancien, « Le robot et le médecin », *Huffington Post*, 29 mars 2016.
Yánis Varoufákis, « For an Alliance of National Liberation Fronts », yanisvaroufakis.eu, 27 juillet 2015.

Table

SECONDE PARTIE

PHILOSOPHIE POUR SAUVER LE MONDE

Pour en savoir plus
sur les Éditions Plon
(catalogue complet, auteurs, titres,
revues de presse, vidéos, actualités...),
vous pouvez consulter notre site Internet :
www.plon.fr
et nous suivre sur les réseaux sociaux :
www.facebook.com/Editions.Plon
www.twitter.com/EditionsPlon

La photocomposition de cet ouvrage
a été réalisée par
GRAPHIC HAINAUT
30, rue Pierre Mathieu
59410 Anzin

CET OUVRAGE
A ÉTÉ ACHEVÉ D'IMPRIMER
SUR ROTO-PAGE
PAR L'IMPRIMERIE FLOCH
À MAYENNE EN OCTOBRE 2016

Dépôt légal : septembre 2016
N° d'impression : 90184
Imprimé en France